WEIGELT · Als Jagdführer in Kanada

Heinz K. Weigelt

Als Jagdführer in Kanada

Neumann-Neudamm

BILDNACHWEIS
Sämtliche Fotos stellte der Verfasser zur Verfügung.
Die Zeichnungen stammen aus der Feder von Hubert Weidinger, Innsbruck.

CIP-Kurztitelaufnahme der Deutschen Bibliothek
Weigelt, Heinz K.:
Als Jagdführer in Kanada / Heinz K. Weigelt
Melsungen: Neumann-Neudamm, 1987

ISBN 3-7888-0530-7

© 1988/1994 Verlag J. Neumann-Neudamm, GmbH & Co.KG
Untere Straße 3, 34326 Morschen / Heina

Printed in Slovenia

Titelgestaltung: Philipp Schneider unter Verwendung eines Dias von A. Berberich

Reprotechnik: Reproteam, 34123 Kassel und monolith, 48565 Strinsturt

Satz: Druckerei Oelkers, 49610 Quakenbrück

Druck und Verarbeitung: Delo Druckerei GmbH, SLO - 61000 Ljubljana, Slowenien

Inhalt

Der Precipice Trail

Zu den Aufgaben eines Jagdorganisators in den schier endlosen Wildnisgebieten des nordwestamerikanischen Kontinents, vornehmlich in British Columbia, gehörte es von jeher – und so ist es bis heute geblieben –, neue, gute Jagdgebiete aufzuspüren und zu erforschen.

Während der ersten beiden Jahre im kanadischen Westen, meiner neuen Wahlheimat, hatte ich das aufregende, allerdings auch strapaziöse Vergnügen, meine jagdlichen Sporen in der wilden Bergwelt der Ilgachuz-, Itcha- und Rainbowmountains zu verdienen.

Die „Regenbogenberge" sind ein Teil des Küstengebirges, während die beiden Bergzüge mit den indianischen Namen zum Vorgebirge der Cascade- oder Coastal-Mountains gehören. Alle liegen in der Landschaft Chilcotin, deren größter Ort das südlich gelegene Städtchen Anahim Lake mit etwa 400 indianischen und 300 weißen Einwohnern ist.

Ich wohnte damals verhältnismäßig dicht an diesem Gebiet und sah es als waidmännische Pflicht an, mein neues Jagdterritorium „hinter dem Haus" auf gründlich deutsche Art kennenzulernen.

Das Wort „nah" gewinnt in diesem Land für einen Europäer eine gänzlich neue Bedeutung und beschreibt in diesem Fall eine Entfernung von 500 Straßenkilometern oder einer Stunde Flugzeit.

Uns Deutschen sagt man hier in Kanada nach, daß alles, was wir tun, mindestens 120prozentig zu sein habe. Diesem Eindruck muß ich wohl voller Begeisterung Rechnung getragen haben, als ich im ersten Jahr nicht weniger als zwei Monate lang jagend und erkundend auf Pferderücken den Busch durchstreifte.

Tägliche Ritte von acht Stunden und mehr führten mich über steile Bergrücken, durch reißende Gebirgsbäche, über Hochmoore, durch Nadel- und Pappelwald und formten nicht nur meine Gesäßpartien, sondern vor allem die Jagdmentalität eines damals mit zwölf deutschen Jagdscheinen versehenen Jägers.

Grüne Hemden und Krawatten mit Rehbockköpfen waren im kanadischen Busch fehl am Platz, und hätte ich gar „Elch tot" geblasen, würde man sich entweder totgelacht oder mich unverzüglich in eine psychiatrische Anstalt gebracht haben.

Mein einst mühsam erlerntes „jagdliches Brauchtum" war in kürzester Zeit vergessen und auch sonstiges Wissen, wie zum Beispiel um die Jagdgeschichte, war hier überhaupt nicht gefragt.

Nach diesen beiden ereignisreichen Monaten hatte ich begriffen, daß Jagd in der kanadischen Wildnis etwas völlig anderes ist als in Europa. Historische, Standes- oder Kulturattribute spielen in diesen Breiten keine Rolle. Wie schon die alten Indianer, jagt man noch immer allein um der Nahrung willen.

In den langen Wintermonaten, die dem ersten Sommer folgten, fielen mir drei spannende und aufschlußreiche Bände des New Yorker Schriftstellers Richmond Hobson in die Hände: „Grass beyond the mountains", „Nothing too good for a cowboy" und „A rancher takes a wife". Die Handlung dieser Bücher spielt in den soeben von mir durchschrittenen Gebieten und fesselte mich daher ganz besonders. Beim Lesen wurde ich mit der Geschichte West-Kanadas vertraut und erfuhr unter anderem, daß hier die sogenannte Zivilisation erst im Geburtsjahr meines Vaters begonnen hatte.

Eine entscheidende Rolle spielte der Rancher Pan Philipps, der sich 1912 mit wenigen Rindern und Pferden unter schwierigsten Umständen nach Westen durchschlug. Er war der erste weiße Siedler und lebte etwa 400 Kilometer westlich von Williams Lake, dem damaligen Hauptstädtchen.

Im Jahr zuvor hatte ich Philipps persönlich kennengelernt, ohne zu ahnen, daß ich dem lebendigen Geschichtsbuch dieser Gegend begegnet war.

Die Hobson-Bücher hatten mich nicht nur fasziniert, sondern vielmehr neugierig gemacht, mehr über dieses Land und seine Bewohner zu erfahren.

Mein zweiter kanadischer Herbst zog ins Land. Vor dem Aufgang der Jagd, Anfang September, half ich dem Jagdunternehmer Mike Holte, einem Halbindianer aus Anahim Lake, beim Aufbau des Camps in den Bergen.

Da die ersten europäischen Gäste erst zwölf Tage später erwartet wurden, blieb uns beiden noch ein wenig Zeit zum Jagen und Erkunden oder einfach zum „Cowboy spielen", was auf Chilocotin heißt: Kaffeetrinken, Reiten, wieder Kaffeetrinken und am Lagerfeuer die alten Grizzly-Geschichten immer wieder aufzuwärmen.

Mike war ein lustiger Geselle, stets zu Streichen aufgelegt und, im Gegensatz zu den meisten Indianern, ziemlich gesprächig. Ich stellte jedoch bald fest, daß er zwar ein ausgezeichneter Jäger war, aber leider nicht geeignet, Antwort auf all die Fragen zu geben, die mir nach der Lektüre der Hobson-Bücher keine Ruhe mehr ließen.

Mike, der Sohn eines deutschen Einwanderers und einer Chilcotin-Squaw, dessen Vater als Hauptperson durch Hobsons Bücher zieht, bestätigte mir lediglich, daß die Schilderungen den Tatsachen entsprechen und konnte sie nur hier und da ein wenig ergänzen. Viel mehr war aus ihm nicht herauszuholen.

Ich muß zugeben, daß diese Tatsache für mich am Anfang recht befremdend und enttäuschend war: Europäisches Geschichtsbewußtsein, mit dem ich in Deutschland so ganz selbstverständlich aufgewachsen war, war in meiner neuen Heimat nicht anzutreffen.

Eines Tages erwähnte Mike völlig nebensächlich, daß auch seine Frau deutsches Blut in den Adern habe. Näheres darüber wußte er allerdings nicht zu berichten, und ganz offensichtlich schien es ihn auch nicht im geringsten zu interessieren.

Mich hatte er mit dieser Andeutung natürlich hellhörig gemacht. Als seine Frau mir kurz darauf beim Packen der Verpflegungskisten half, erfuhr ich im Gespräch so ganz nebenbei, daß ihre Ahnen aus dem „Royal House of Hessen-Waldeck" stammen. Die Groß- oder Urgroßmutter, so genau wußte sie das nicht, sei damals mit ihrem Beichtvater durchgebrannt, und die beiden hätten sich dann in Kanada niedergelassen.

Auch bei dieser Gelegenheit stieß ich wieder auf die mir so ungewohnte Gleichgültigkeit der Vergangenheit gegenüber, ein Phänomen, das mir noch lange unerklärlich bleiben sollte.

Bei Mike war ich in der Zwischenzeit offenbar zum echten Cowboy avanciert. Ich schloß es daraus, daß er mir bei einem unserer nächsten Streifzüge durch die Wälder ganz sorglos ein halbwildes Pferd anvertraute.

In der Chilcotin leben heute noch einige hundert Wildpferde, die von jungen Burschen, meist Cowboys oder Ranchersöhnen, aus sportlichen Motiven eingefangen und zugeritten werden. Die Gewohnheit der Zwanzigjährigen, ihren Mut und ihre Geschicklichkeit unter Beweis zu stellen, ist nur so lange für Außenstehende eine tolle Sache, bis der eigene Sohn in die Sturm- und Drangzeit kommt und aktives Mitglied dieser „Horse-Hunters" wird. Auch uns blieb dies, sehr zum Leidwesen meiner Frau, nicht erspart.

Zurück zu meinem Erkundigungsritt mit Mike:

Wir waren unterwegs zum Dean-River, der Lachsfischern in aller Welt wohl bekannt ist, um an den von mannshohen Weiden und Erlen gesäumten Seitenarmen herauszufinden, ob schon Elche von den Höhen herabgezogen waren, um ihre Winteräsungsflächen aufzusuchen.

Während wir uns auf den gut begehbaren Elchwechseln fortbewegten, fiel mir auf, daß sich auf der Fährte deutlich frische Trittsiegel von Pferden abzeichneten. Inzwischen fast zum richtigen Cowboy herangereift, schloß ich daraus: „Keine

Hufeisen, also müssen Wildpferde in der Nähe sein." Mike verfolgte aus seinem Westernsattel die Spuren ebenfalls aufmerksam mit den Augen. Gesprochen hatte er schon seit mehr als einer halben Stunde kein Wort mehr.

Voller Spannung erwartete ich jeden Augenblick das Auftauchen der Pferdeohren hinter dem Buschwerk, und als wenig später frische Bärenpranten den Trail kreuzten, konnte ich meine Phantasie kaum noch zügeln. Was mochte das bedeuten? Wollte der Bär die Herde vielleicht umgehen und von der Seite angreifen?

Die angenehm warme Herbstluft schien mit einem mal zu knistern. Ich war von Erregung und Jagdfieber gepackt, und meine Augen hafteten wie die Nase eines Spürhundes am Boden, als mein Pferd mit einem plötzlichen Ruck verhielt und dann wie angewurzelt stand. Ich schaute hoch: Mike und sein Pferd verharrten ebenfalls reglos wie ein Reiterdenkmal. Im gleichen Augenblick erschrak ich wie nie zuvor in meinem Leben.

Vor uns, auf einer kleinen, sonnenbeschienenen Lichtung erblickte ich sie, meine heißersehnten Wildpferde – aber, ich traute meinen Augen kaum, auf ihnen wild aussehende Indianer, alle bis an die Zähne bewaffnet mit Messern und Gewehren. Ihre mit Draht und Klebeband zusammengeflickten Winchester hielten sie in der rechten Hand, während sie uns bewegungslos und aufmerksam beobachteten.

Bei einer Distanz von nur vier Pferdelängen, so schoß es mir durch den Kopf, brauchten sie nicht einmal ihre Donnerbüchsen. Sie konnten uns spielend mit den Jagdmessern erledigen, die sie, wie ich wußte, hervorragend zu werfen verstehen. Unsere Waffen dagegen ruhten gut verwahrt in den Futteralen.

Vorsichtig schielte ich mit einem Auge zu der Gruppe hinüber. Es waren vier. Vier gegen zwei! Alle alten Karl May-, Billy Jenkins- und Winnetou-Geschichten aus meiner Jugendzeit wurden mir mit einem Schlag gegenwärtig. Ich war auf das Schlimmste gefaßt und saß gelähmt im Sattel wie das sprichwörtliche Kaninchen vor der Schlange, völlig außerstande, irgendetwas zu tun.

In den Jahren meines aktiven europäischen Polizeidienstes mit zahlreichen riskanten Einsätzen im Zivilisationsdschungel hätte ich mir niemals träumen lassen, daß ich eines Tages so passiv und hilflos reagieren könnte.

Diese Erstarrung dauerte so lange, wie Mike die Nachkommen Winnetous gelassen abwartend musterte. Nach vielleicht zwei Minuten — ich hätte nie gedacht, daß zwei Minuten so lang sein können — hob er grüßend die rechte Hand. Mit einem unbekümmerten, ja, fast naiven Grinsen schickte er ein „Hi" hinüber, wobei er sich leicht im Sattel drehte und mich auffordernd ansah. Bei den Indianern vermochte ich keine Reaktion zu erkennen. Oder war da doch ein leichtes Neigen der Köpfe? War der mit fast geschlossenen Lippen hervorgebrachte Ton als Antwort zu verstehen?

Offenbar hatte ich den undefinierbaren Laut richtig interpretiert, denn Mikes Gesicht verzog sich noch mehr in die Breite, und ich fühlte mich genötigt, endlich meinen Beitrag zur friedlichen Verständigung zu leisten.

„Hi", hörte ich mich, etwas zu laut, sagen. Keine Antwort. Oder klang das Echo meiner mir fremd erscheinenden Stimme noch so verstört durch die Bäume, daß ich die Erwiderung überhört hatte?

Von einer Sekunde zur anderen wendeten die Rothäute wie auf ein geheimes Kommando ihre Pferde und verschwanden hintereinander im dichten Grün der Büsche, so lautlos, geisterhaft und unerwartet wie sie aufgetaucht waren.

Ich kann nur hoffen, daß Mike mein erleichtertes Aufatmen nicht vernommen hatte. Es gelang mir, mich einigermaßen zusammenzureißen und Gleichgültigkeit und Ruhe zu heucheln.

Duch meine bohrenden Fragen an den abendlichen Lagerfeuern wußte Mike genau, wie begierig ich auf alle Informationen war, die ich mir nicht aus Büchern holen konnte, ganz besonders, was die Indianer anging.

Er hatte bisher immer nur von vergifteten Pfeilen gefaselt und von der indianischen Polygamie geschwärmt, die ihm sichtlich zu imponieren schien.

Mit einem gemurmelten „Well" schickte er sich nun an zurückzureiten. Inzwischen, „akklimatisiert", blieb ich ungerührt an seiner Seite und hob nur leicht mit einem stumm fragenden „Was nun"? die linke Augenbraue.

12

Nach einer Weile bequemte sich mein Begleiter von selbst, den Mund aufzumachen, und erklärte mir, daß es sich um einen indianischen Jagdausflug gehandelt habe. Danach sei, wie er sagte, für uns nichts mehr zu erwarten, weil die Indianer den gleichen Einfluß auf Wild hätten, wie wenn ein Rudel Wölfe eingefallen wäre.

Diese erste Begegnung mit Indianern im kanadischen Busch hat mich zutiefst beeindruckt, noch über Jahre hinaus beschäftigt und bis heute nicht ganz losgelassen.

Noch heute leben die Indianer vom Stamme der Carrier in kleinen Sippen bis zu 30 Mitgliedern in den Wäldern von West-Chilcotin. Sie sprechen ihre eigene Sprache und bestreiten ihren Lebensunterhalt zum größten Teil als Sammler und Jäger, nicht viel anders, als es schon zu Urzeiten gewesen ist.

Die Kanadier in dieser Region nennen die Indianer noch aus einem anderen Grund „die Wilden".

Einmal im Jahr, Anfang Juni zur Rodeo-Zeit, kommen sie aus den Bergen und Wäldern herab, um an den großen Festlichkeiten teilzunehmen. Sie beteiligen sich nicht nur eifrig am Wildpferd- und Bullenreiten, sondern stehen auch ihren Mann, wenn es darum geht, Gallonen guten Rotweins zu leeren.

Für Touristen ist die Stampede immer wieder ein beliebter Anziehungspunkt voll prickelnder Spannung, für die Teilnehmer dagegen birgt sie eine Menge ernstzunehmender Gefahren. Anlaß sind weniger die außer Rand und Band geratenen Pferde oder die tonnenschweren, gereizten Bullen, die oft von abgelegenen Ranches über hunderte Kilometer herangekarrt werden. Besorgniserregend sind vielmehr die „gesellschaftlichen Ereignisse", die nicht selten in Schießereien ausarten, an deren Ende zuweilen auch Verletzte oder gar Todesopfer zu beklagen sind.

Bei diesen Zusammenkünften werden gar zu gerne alte Fehden aus der Versenkung geholt und neue provoziert. Nur selten ist ein Weißer darin verwickelt. Sollte es trotzdem einmal vorkommen, kann man ihm nur den guten Rat geben, Anahim und Umgebung so schnell wie möglich zu verlassen, denn er kann sich kaum den Alltagsschikanen einer vorwiegend indianischen Bevölkerung entziehen. Da werden auch ohne sein Dazutun immer neue Streitigkeiten angezettelt, und nicht selten brennen Häuser, Autos und Geschäfte.

Da in dieser Gegend zudem alle Männer bewaffnet sind und im Leben der Indianer der Alkoholgenuß eine nicht unerhebliche Rolle spielt, bleibt jungen weißen Heißspornen keine andere Wahl, als schleunigst das Feld zu räumen und sich frühestens 500 Kilometer entfernt wieder neu anzusiedeln.

Im täglichen Leben erweisen sich die Indianer als zurückhaltende, eher scheue Menschen, die uns Weißen mit kritischem Respekt begegnen.

Mir fällt auf, daß europäische Besucher meist sehr vorschnell mit zwei Pauschalurteilen bei der Hand sind: Entweder sind für sie die Indianer in ihrem oft trostlosen Erscheinungsbild einfach „verkommene Zigeuner" oder, als anderes Extrem, arme Unterdrückte des weißen Mannes.

Auch in Vorurteilen steckt mitunter ein Fünkchen Wahrheit. Aber man sollte bei den vielfältigen Problemen, die zu erörtern hier zu weit führen würde, niemals vergessen, daß den Indianern für eine Entwicklung vom Steinzeitalter bis in die Computergesellschaft nur ganze 50 Jahre zur Verfügung standen.

Wir Weißen versuchen, ihnen eine fremde Kultur aufzuzwingen, erwarten Anpassung an unsere Gepflogenheiten und Gesetze, während die Sozialstruktur der Stämme noch immer in starken Familien- und Sippenverbänden begründet und verwurzelt ist.

Mancherorts schufen Politiker Sozialhilfepläne und bauten für sie feste Häuser. Obwohl das meistens sowieso mehr dazu diente, ihr eigenes Image aufzupolieren, wunderten sie sich dann, wenn nach kurzer Zeit Fenster und Türen fehlten oder gar in der Zimmermitte ein Lagerfeuer brannte.

Das Rad der Geschichte läßt sich nicht mehr zurückdrehen. Man sollte aber vermeiden, dauernd einen Schuldigen zu suchen und jeweils den einen oder den anderen für Zustände verantwortlich zu machen.

In den nördlichen Wildnisgebieten von British Columbia lebt der Stamm der Sekani, bei dem sich bis heute, also bis fast am Ende des zwanzigsten Jahrhunderts, das Alltagsleben nicht viel anders abspielt als vor dem Erscheinen der Weißen. Der vereinzelte

Besitz eines Kofferradios oder einer Schrotflinte ändert daran kaum etwas. Die Sippen verbringen die Wintermonate in von Weißen nur spärlich besiedelten Plätzen, ähnlich einem Holzfällerlager oder einer Bergwerkssiedlung, und ziehen im Frühjahr geschlossen wieder in die Berge zurück, wo sie von Jagd, Fischfang und dem Sammeln von allerlei Früchten und Kräutern leben.

Für jeden Jagdunternehmer dieses Gebietes ist es wichtig, mit dem weitgehend selbständig regierenden Häuptling auf gutem Fuß zu stehen und gelegentlich einen seiner Leute als Jagdführer anzustellen. Behandelt man diesen dann besonnen und freundlich und hält ihn vor allen Dingen vom Alkohol fern, kann man sich keinen kundigeren Helfer wünschen.

Man sollte ihm ruhig die Genugtuung gönnen, viel klüger als der „stupid white hunter" zu sein, was ihm, objektiv betrachtet, auch selten abzusprechen ist.

Geradezu grotesk wirkt auf den Indianer die „Dummheit" des Weißen Mannes, so viel Geld für eine Jagd auszugeben, sich dabei physisch total zu verausgaben und, man sollte es nicht für möglich halten, nur die paar „Knochen" mit nach Hause zu nehmen, das Beste aber, das Wildbret, zurückzulassen. Hierüber schütteln aber auch einheimische Rancher und Cowboys den Kopf. Sie jagen weder zum Vergnügen noch der Trophäe wegen, sondern allein zur Fleischversorgung, für sie der einzig legitime Antrieb, wobei man den Bären, solange er den Rinderherden nicht gefährlich wird, verschont.

Natürlich gibt es auch unrühmliche Ausnahmen. So habe ich Indianer erleben müssen, die wie die Vandalen durch die Wälder zogen, eine Elchkuh erlegten, nur um das Embryo am Feuer zu braten, auf Adler schossen, um sich als schnelle Schützen rühmen zu können, ähnlich der Rowdies in europäischen Großstädten, die sinnlos zerstören und gegen die, da „Täter unbekannt", Polizei dort und Wildhüter hier machtlos sind.

In den letzten Oktobertagen, als die Jagd mit Mike dem Ende entgegen ging, erwähnte Ed, ein Ranchersohn und Cowboy aus der Nähe von Anahim Lake, eines Morgens, daß er vier Pferde „von der anderen Seite des Hügels" holen müsse.

Gemeint war Bella Coola, westlich des Gebirges an einem der wild zerklüfteten Küstenfjorde gelegen. Anahim Lake und Bella Coola sind durch eine Straße miteinander verbunden, die ein Europäer allerdings kaum als solche ansehen würde. Acht Monate im Jahr ist sie gar nicht oder nur mit Ketten passierbar und in den restlichen vier selbst mit robusten Geländewagen eine Tortur. Allerdings wagen einige ganz Mutige das Abenteuer auch im normalen Personenwagen. Die Straße schlängelt sich wie ein Bandwurm in unzähligen engen Windungen zuerst durch dichten Urwald und später an senkrechten Steilwänden und jähen Abgründen entlang und ist streckenweise nicht breiter als ein besserer Feldweg. Der Schotter besteht aus faustgroßen, manchmal noch größeren Steinbrocken, und die Spuren sind oft so tief ausgewaschen, daß man Mühe hat, nicht mit der Ölwanne oder dem Auspuff aufzusitzen. Steigungen und Gefällstrecken von 25 Prozent bei einspuriger Fahrbahn und an schwindelnden Schluchten entlang sollten den Fahrer nicht aus der Fassung bringen. Man braucht für diese Fahrt einen vollen Tank, gute Nerven und vor allem eine Eselsgeduld, letztere für die Wartezeiten hinter der im Schneckentempo patrouillierenden Planierraupe. Von einem gewissen Punkt an sind Anhänger verboten, was nicht heißt, daß sich die Einheimischen auch daran halten.

Bella Coola wurde hauptsächlich vom Pazifik her versorgt, denn Ortsansässige befuhren diese unbeliebte Strecke wirklich nur, wenn es unbedingt sein mußte.

Und doch wagten sich zu meiner Zeit schon die ersten Touristen über die steilen, schmalen Serpentinen hinauf und durch die engen Haarnadelkurven, in denen man vom Wagenfenster aus senkrecht hinab in einen 150 Meter tiefer rauschenden Gebirgsfluß schaut.

Bei dem Namen Bella Coola fiel mir sofort ein, daß im Anhahim-Chilcotin Geschichtsbuch von 1934 von einem Versorgungspfad über die Berge die Rede war und daß Hobson darüber schrieb: „Kein Mensch mit einigermaßen Verstand würde diesen Trail freiwillig benutzen −!"

Ed und Mike bestätigten, daß dies vor Jahren die einzige Ver-

Mit der Axt mußte in mühseliger Arbeit der Precipice Trail freigehauen werden. Das Durchführen der Pferde gestaltete sich allerdings nicht immer so problemlos.

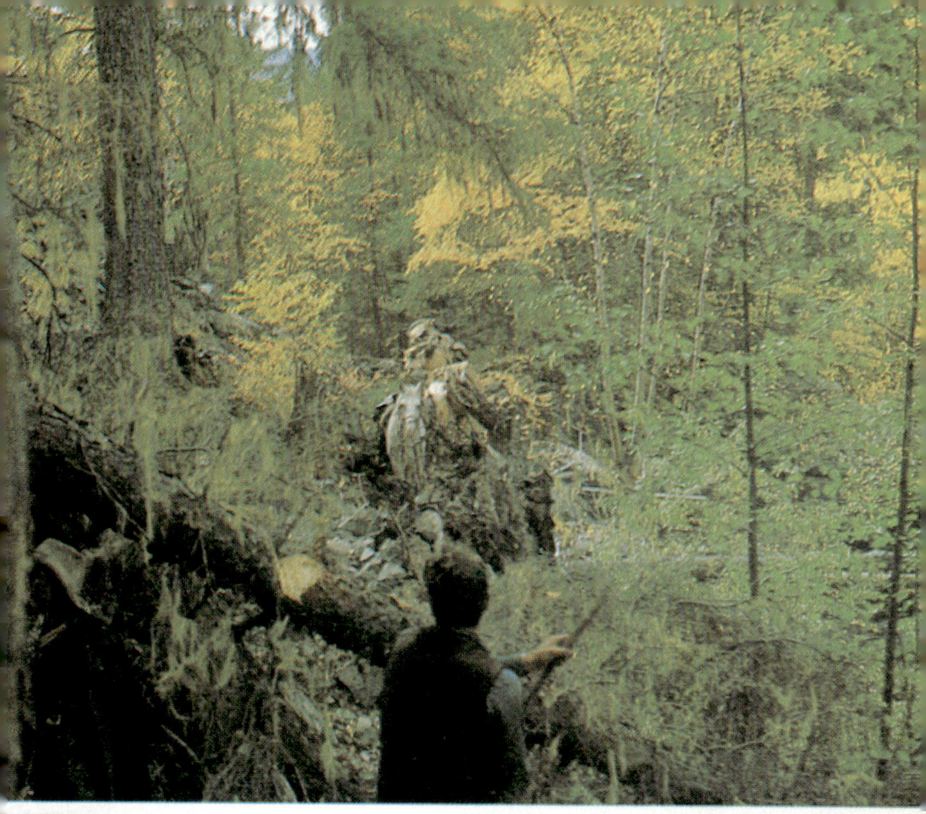
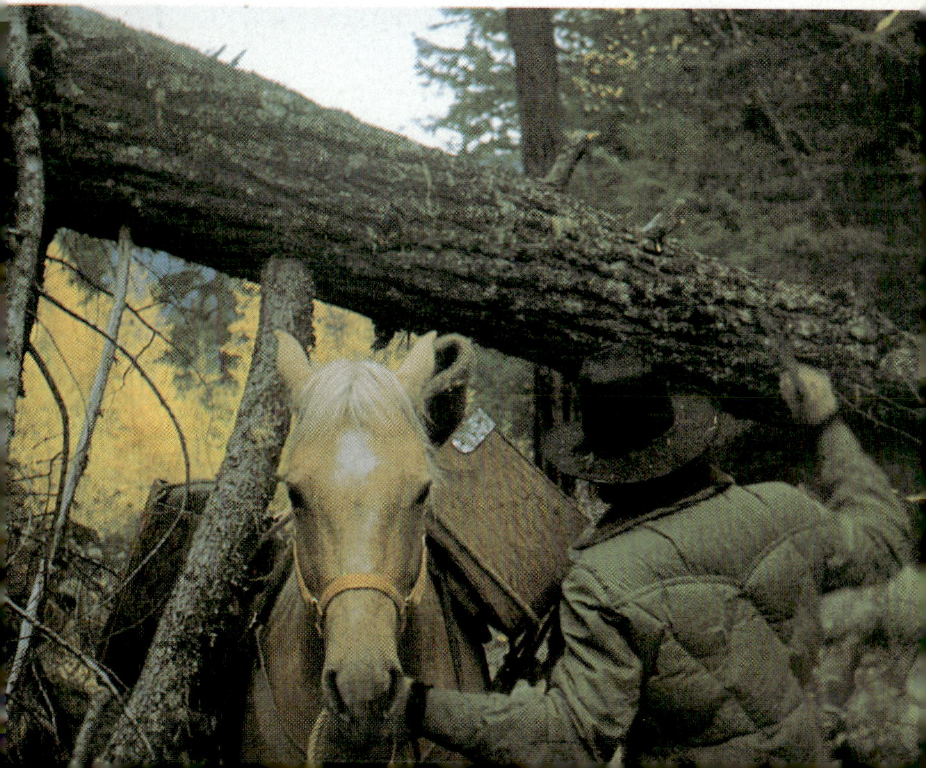

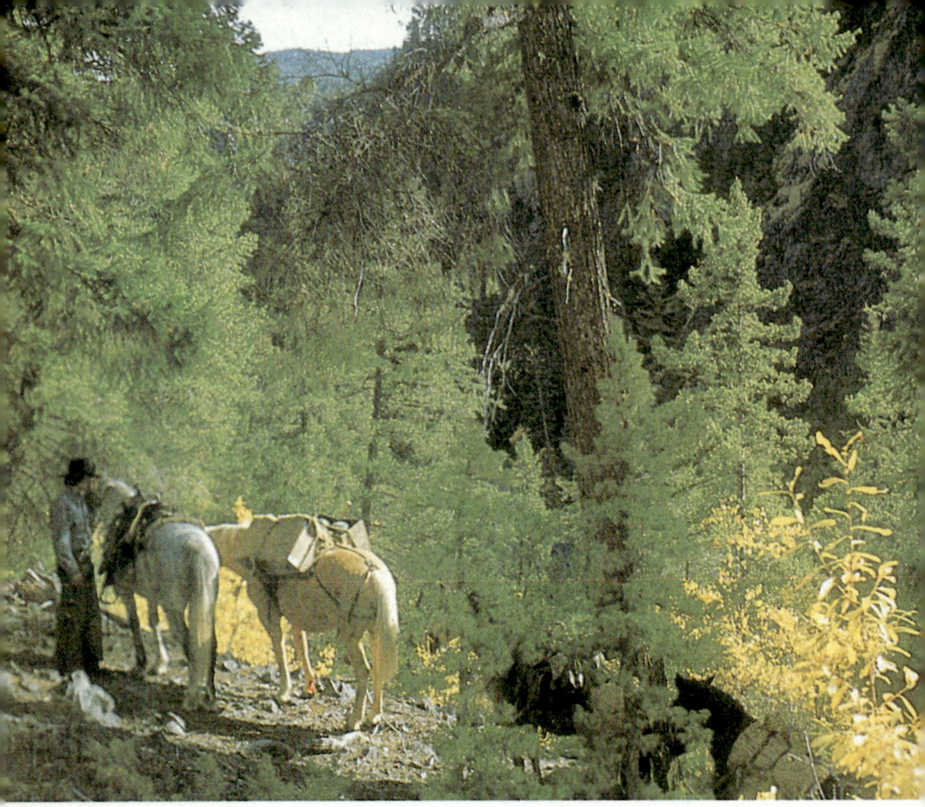

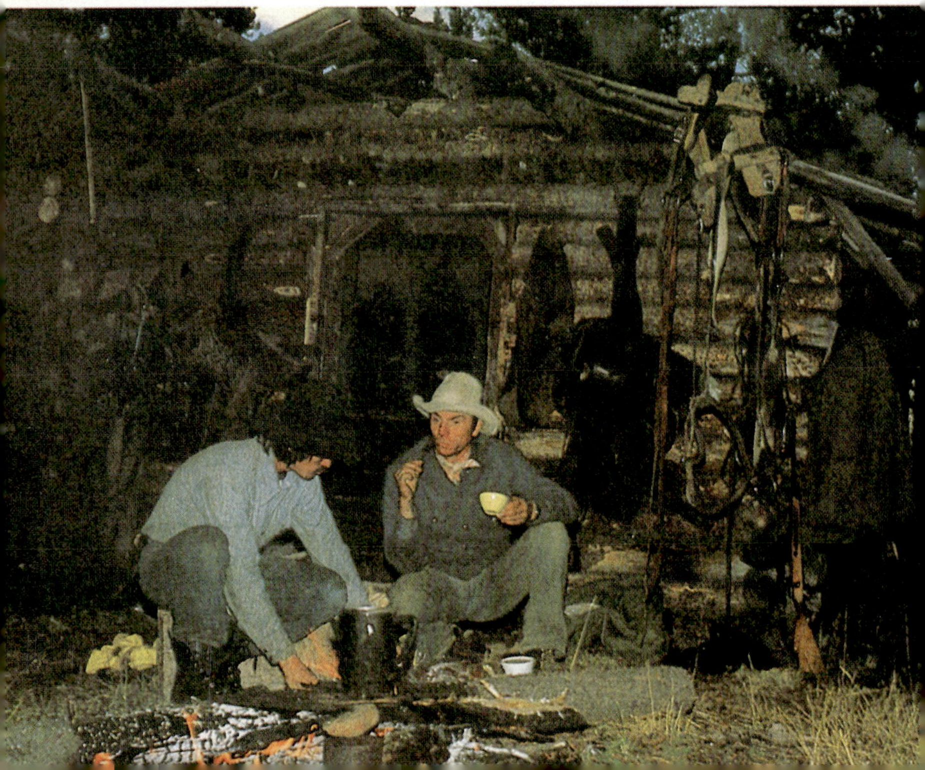

bindung der Bella-Coola-Indianer an der Küste zu den Stämmen im Inneren des Landes gewesen sei. Die Küstenbewohner tauschten bei den hinter den Bergen wohnenden Nachbarn Fisch (vorwiegend Lachs) gegen Fleisch ein, woran sich bis heute, jetzt allerdings über die Straße, nicht viel geändert hat.

Weißen war der Erwerb des Fisches verboten, was das Geschäft aber nicht sonderlich beeinträchtigte. Um den gut florierenden Tauschhandel nicht zu gefährden, nannte man den Lachs einfach „Turky" (Truthahn) oder „Chilcotin-Turky" für den Fall, daß man sich vor den gestrengen Gesetzeshütern einmal versprechen sollte.

Nach Einführung der Telegraphie hat man an diesem Pfad entlang sogar eine Leitung über die Berge gelegt, die jetzt schon lange unbenutzt und mit der Zeit völlig in Vergessenheit geraten ist.

Mike war sicher, daß dieser Trail seit dem Bau der Straße, der nun schon einige Jahrzehnte zurücklag, von niemanden mehr benutzt worden war. Nicht einmal er wußte genau, wo er verläuft, und kannte von seinen Jagdausflügen her nur den Eingang bei Bella Coola und das Ende auf der anderen Seite der Berge bei Anahim Lake.

Zweifellos waren Mike und Ed meine Gedankengänge nicht verborgen geblieben, als ich bei dem geplanten Pferdetransport nicht an die Straße, sondern spontan an den alten Indianerpfad, im lokalen Sprachgebrauch „Precipice-Trail" (Pfad am Abgrund entlang), gedacht hatte.

Meine Begeisterung, Geschichte wieder aufleben zu lassen, stieß, wie nicht anders zu erwarten, auf völliges Unverständnis.

Obwohl die verrückte Idee keinen Anklang fand, kannte ich den 21jährigen Ed zu gut, um nicht zu wissen, daß er einem echten Abenteuer niemals widerstehen konnte.

Ich hatte mich nicht geirrt. Er fing schnell Feuer, und schon am Abend des gleichen Tages, es herrschten bereits Temperaturen um den Gefrierpunkt und leichtes Scheetreiben, saß er mit mir im Lager, und wir schmiedeten Pläne.

Mike schied von vornherein aus, weil das Lager noch abgebrochen werden mußte und er, wie wir witzelnd hinzufügten, ja auch Familie habe.

19

Neben den ganzen Strapazen gab es aber auch reizvolle und geruhsame Momente bei der Wiederentdeckung des alten Verbindungspfades.

Am nächsten Morgen krochen wir zeitig aus den Schlafsäcken und ritten ins Tal hinunter, wo der Lastwagen für den Pferdetransport schon bereitstand.

Bei Mikes Frau gingen wir erst einmal ausgiebig unter die Dusche, was nach vier Wochen in den Bergen unbestritten nötig war.

Danach wurde der Lkw beladen. Wir brauchten zwei Reit- und Packsättel, Schutzzelt, Schlafsäcke, Verpflegung und all die Utensilien, die, wie zum Beispiel eine Axt, für ein solches Vorhaben unentbehrlich sind. Dann hatten wir es eilig fortzukommen.

Abends erreichten wir Bella Coola, und Ed nahm mich mit zu seinem Freund, einem alten Indianer namens Benny. Der zeigte sich keineswegs überrascht, als wir ihm offenbarten, daß wir die Pferde über den Precipice-Trail zu bringen gedachten. So jedenfalls glaubte ich damals seinen Gesichtsausdruck zu verstehen, wobei ich zugeben muß, daß es für mich immer noch schwierig war, die kaum wahrnehmbaren Reaktionen der Indianer zu deuten. Erst viel später konnte ich mir in etwa vorstellen, was Benny in Wirklichkeit über unser Vorhaben gedacht haben mag.

Die Nacht verbrachten Ed und ich in seinem Haus. Es war eine große Ehre für mich, zum ersten Mal von einer echten Indianerfamilie als Gast akzeptiert und aufgenommen zu werden.

Der Haushalt war mustergültig geführt. Erst später erfuhr ich, daß Benny eine Japanerin zur Frau hat, die die Zügel straff in der Hand hält.

Am anderen Tag transportierten wir die vier Gäule in aller Frühe auf dem Lastwagen an den Fuß der mächtigen Dreitausender. Ed und Benny brauchten mir nicht erst zu erklären, daß hier der Trail begann, denn die Masten der alten Telegraphenleitung, an denen sogar noch die Drähte hingen, sprachen für sich.

Es war nicht zu übersehen, daß meine beiden Begleiter die Reit- und Packpferde noch sorgfältiger sattelten als gewöhnlich, alles wohlüberlegt verstauten und abschließend ihr Werk noch einmal kritisch überprüften. Benny verabschiedete sich zwar freundlich, aber ohne viele Worte, und unsere Karawane aus zwei Reitern und vier Pferden setzte sich in Bewegung.

Natürlich war es unser Ziel, die Pferde auf diese ausgefallene Art nach Anahim Lake zu bringen, aber so ganz nebenbei gedachten wir doch, nach einer Schneeziege oder einem Grizzly Ausschau zu halten, und zu einem Berglöwen (Puma) hätten wir selbstverständlich auch nicht nein gesagt.

Erst als Ed seine Waffe, die er meist geladen trägt, zum zweiten Mal überprüfte, fielen mir die amtlichen Schilder auf, die vor Bären warnten.

Hier war also das Reich des Königs der nordamerikanischen Wildnis, das allen Großwildjägern wegen seiner kapitalen Grizzlies ein Begriff ist. Ich hatte zwar schon einige beobachten können, doch erlegt hatte ich noch keinen, weshalb das bloße Wort Grizzly einen magischen Klang für mich hatte.

Auf dem einladenden Waldweg, den munteren Fluß zur einen, die Telegraphenleitung als Wegweiser auf der anderen Seite, fühlte ich mich wie bei einem Sonntagmorgen-Ausritt. Da der Trail keinerlei Anforderungen an Roß oder Reiter stellte, weilte ich in Gedanken bei dem „big old bruin", dem großen alten Braunen.

Zu unserer Linken wurde der Baumbestand spärlicher, und Fels- und Geröllhalden stiegen 100 Meter steil in die Höhe, um von den dahinterliegenden noch überragt zu werden. Wir durchquerten hier die Cascade-Mountains und hatten einen Weg vor uns, den bisher nur wenige weiße Pioniere beschritten hatten. Keiner kannte mehr ihre Namen, und niemand wußte was ihnen widerfahren war.

Mit einem Mal war mir ungewohnt feierlich zu Mute. Ich empfand meinem Schicksal gegenüber eine tiefe Dankbarkeit, daß ich das alles erleben durfte: Die atemberaubende Kühnheit, der Landschaft, Ed, den erfahrenen und verläßlichen Partner zur Seite, das zu erwartende Wild.... Ich hatte minutenlang mit meiner Rührung zu kämpfen.

Ich wischte mir die Augen, die doch längst wieder trocken waren, denn was ich nun sah, konnte einfach nicht wahr sein. Nicht nur die Telegraphenleitung, auch unser Weg endete, wie abgeschnitten, rechtwinklig im Fluß. Gut, daß ich hinter Ed ritt und er mein bestürztes Gesicht nicht sehen konnte.

Als ich aufgeholt hatte, war er bereits abgesessen und band, ohne eine Miene zu verziehen oder ein Wort zu verlieren, die Pferde an. Gebirgsbäche, Sümpfe und Geröllhalden konnten „Cowboys aus Germany" schon lange nicht mehr schrecken. Im letzten Jahr hatte ich innerhalb der schon erwähnten acht Wochen mehr als 600 Kilometer zu Pferd zurückgelegt, und dabei war mir nichts erspart geblieben. Sogar die Form meiner Beine, vor allem die Kniepartien, und das Ausspucken des Kaugummis — an Kautabak habe ich mich bisher noch nicht herangewagt — waren schon so echt, daß ich einem Stadtmenschen aus Vancouver durchaus imponieren konnte.

Gebirgsbäche zu überwinden, auch breite und reißende, fand ich ja okay, aber was hier vor uns tobte, war ein ausgewachsener Fluß, wild, tief und schäumend, mit Felsbrocken bis zu zwei Metern Durchmesser. Für meine Begriffe war es ein unmögliches Unterfangen, hier zu passieren.

Leider sah ich nur zu deutlich, daß unser Pfad an zwei Seiten von 30 Meter hohen Mauern blockiert war und wußte zum anderen, daß Ed durch nichts abzuschrecken war. „Helden werden nicht auf der Autobahn gezeugt!" murmelte ich — vorsichtshalber auf deutsch.

Ohne sich um mich zu kümmern, stiefelte Ed bereits den Fluß auf und ab und begutachtete mit langem Hals die Lage. Hieß sein bedächtiges Nicken, daß er einen Ausweg gefunden hatte, eine Furt vielleicht?

Ich bemühte mich, ihn möglichst lässig und schweigend nach-zuahmen, starrte aber nur ungläubig in die gurgelnden Was-sermassen und kalkulierte im stillen, an welchem Felsen ich mich im Falle des Abtreibens am besten festklammern könnte.

Ed verlor keine Zeit und knotete ein langes Seil, das aufgerollt in der Packtasche seines Reitpferdes verstaut war, um einen Baum. Dieses Seil hielt er nach dem Aufsitzen in der linken Hand, während er rechts die Zügel führte. Und dann tat er etwas, vor dem ich immer eindringlichst gewarnt worden war: Er nahm die Leine des Packpferdes und schlang sie um den Sattelknopf.

Scheut oder stürzt das so festgebundene zweite Pferd, wird der Reiter entweder aus dem Sattel gerissen oder, was ebenso folgen-schwer sein kann, das straff gespannte Seil klemmt ihn darin fest.

Zu Ed hatte ich jedoch uneingeschränktes Vertrauen, denn er war trotz seiner jungen Jahre nicht nur ein erfahrener Rancher, Jäger und Trapper, sondern er bewies auch ein solches Geschick im Umgang mit Pferden, daß man annehmen mußte, er sei bereits im Sattel geboren worden.

Meine Zweifel waren, wie ich schnell erkannte, nicht gerechtfertigt. Es blieb Ed gar keine andere Wahl, als mit dem Zügel in der einen Hand loszureiten und in der anderen Hand das Leitseil zu führen, das zu meiner Verwirrung nun auch noch einmal lose um das Sattelhorn geschlungen wurde. Als er sich in Bewegung setzte, glitt es nach und nach durch seine Finger.

Als ob dieses Manöver das selbstverständlichste der Welt sei und wir es ein dutzendmal exerziert hätten, zog er von dannen und ließ mich ohne irgendeine Erklärung oder gar Ermunterung mit meinen beiden Gäulen am Ufer zurück.

Des Palominos Läufe verschwanden in den Fluten, die vom Regen einige Tage zuvor schmutzig-braun gefärbt waren. Die Hufe fanden rasch festen Grund und stemmten sich gegen einen nur zwei Fuß unter Wasser liegenden Felsen. Ein für Nichtreiter fast unsichtbarer Schenkeldruck: das Reitpferd zog leicht an. Das Packpferd, so zeigte sich an der stramm gespannten Leine, war weniger gehorsam und folgte nur widerwillig. Inzwischen reichte das Wasser bis zum Sattelblatt und bildete an der linken Seite des Pferdeleibes eine richtiggehende Bugwelle, aber Ed machte sich nicht einmal die Mühe, seine Stiefel hochzuziehen.

Dazu sei erklärt, daß nasse Kleidung im Busch kaum ein Grund zur Besorgnis ist, denn in der Wildnis Kanadas hat sie nicht unbedingt eine Erkältung zur Folge, nicht einmal dann, wenn man die Sachen am Körper trocknen läßt. Mediziner führen das darauf zurück, daß in diesen menschenleeren nördlichen Breiten so gut wie keine Bakterien vorkommen.

Eds Quarterhorse, ein goldgelber Palomino, tauchte für Augenblicke etwas höher aus der quirlenden Fläche auf, versuchte jedoch mit den Hinterläufen vergeblich, festen Stand zu finden. Man hörte das Schlagen der Hufeisen auf den Felsen trotz des Brausens und Tosens bis ans Ufer. Jetzt rutschte der Palomino endgültig ab, verlor für Sekunden die Balance, fing sich aber glücklicherweise schnell wieder und stand danach bis zur Brust im Wasser. Nein, er stand schon nicht mehr, der enorme Druck der Strömung schob ihn langsam, aber beständig flußabwärts und an den rhythmisch zuckenden Bewegungen seines muskulösen Körpers war zu erkennen, wie er mit den Vorderläufen arbeitete, um vorwärtszukommen, und gleichzeitig irgendwo Halt suchte.

Zu allem Überfluß weigerte sich das Packpferd nun hartnäckig, diese Mutprobe weiter mitzumachen, und stand mit langgezogenem Hals störrisch wie ein Sägebock. Auf Eds energischen Ruck am Seil setzte es sich dann doch widerspenstig in Bewegung.

Bisher war die ganze Aktion noch verhältnismäßig ruhig verlaufen, aber nun kam Bewegung in die Szene. Das Leitpferd konnte der gewaltigen Strömung nicht mehr standhalten und wurde unaufhaltsam in tieferes Wasser abgedrängt. Ed feuerte es mit lauter Stimme an, und ich konnte mir vorstellen, wie er ihm unter Wasser die Hacken in den Leib preßte. Das Packpferd hatte sich inzwischen entschlossen zu schwimmen. Obwohl Ed mittlerweile in einen Winkel von 90 Grad geraten war, hatte er Zügel und Seil noch immer voll unter Kontrolle. Über den Lärm des Flusses hinweg ertönte sein unermüdliches kraftvolles Antreiben, bis das Tier endlich wieder Fuß gefaßt und, nun schon über die Flußmitte hinaus, einen festen und etwas erhöhten Standplatz gefunden hatte. Der Anblick seines sicher auf allen vieren stehenden Gefährten beruhigte das Packpferd offensichlich, so daß es ohne Zwang folgte und sich hinter dem Palomino postierte.

Das letzte Drittel diese Nervenspiels verlief weniger aufregend: Obwohl das Pferd unter Ed noch einmal stolperte, das Gleichgewicht verlor und sogar kurz mit dem Kopf untertauchte, brachte Ed es samt dem Packpferd zielstrebig an Land.

Drüben saß er nicht anders ab, als habe er seine ganz normale tägliche Routinearbeit beendet. Er band die Pferde an, sicherte das Ende des Seils an einem Baum und zog sich dann seelenruhig und unbekümmert aus, um seine Wollsocken und Hosen auszuwringen, das Wasser aus den Stiefeln zu gießen und sich so selbstverständlich wieder anzukleiden wie an jedem normalen Morgen im Jagdcamp in den Bergen.

Ich war von dem ganzen Geschehen zwischen Bangen und Hoffen

so mitgerissen worden, daß ich nicht einmal an einen Erinnerungsschuß mit der Kamera gedacht und völlig vergessen hatte, daß mir die ganze Prozedur noch bevorstand.

Jetzt war die Reihe jedoch unweigerlich an mir. Aus purem Zweckoptimismus entledigte ich mich der Kleider, stopfte die Socken in die Jeanstaschen, befestigte die Stiefel an den Hosen und band mir alles um den Hals, als sei es für mich überhaupt keine Frage, trocken drüben anzukommen.

Ed schmunzelte leise vor sich hin, mir dagegen war alles andere als zum Lachen zu Mute. Trotzdem oder gerade deshalb war ich bemüht, meine wahren Gefühle nicht unbedingt zu verraten und „unerschrockenes Germanentum" zur Schau zu stellen.

Die selbstverständlichen und gekonnten Griffe meines Partners imitierend, löste ich das Seil vom Baum, verknotete es am Sattelknopf, nahm die Zügel in die eine und zog das bockbeinige Packpferd mit der anderen Hand hinter mir her. Von drüben hielt Ed das Leitseil ständig unter leichter Spannung, was mir wenigstens ein Quentchen Sicherheit in dieser vertrackten Situation gab.

Um es kurz zu machen: Das gesamte Schauspiel wiederholte sich originalgetreu von Anfang bis zum Ende, allerdings mit dem Unterschied, daß ich den Eindruck hatte, bei mir würde die Tortur Stunden dauern. Ich war von all den Tücken der Flußdurchquerung so in Anspruch genommen, daß ich nicht einmal die erhebliche Unterkühlung meiner empfindlichsten Körperteile wahrnahm.

Wie stolz ich nach vollbrachter Tat insgeheim auf meine Leistung war, brauche ich wohl nicht noch besonders hervorzuheben. Selbst mein Partner schien zufrieden, denn auf meine trockenen „Halstücher" deutend meinte er: „German genius!"

„Yes, that's me!" gab ich kurz zurück, um nicht durch allzuviele Worte meine tiefe Erleichterung zu verraten.

Noch schlimmer kann es nun nicht mehr kommen, redete ich mir ein, bemüht, nicht darüber nachzudenken, was uns hinter dem gewaltigen Bergmassiv mit den strahlend weißen Schneekuppen noch bevorstehen mochte.

Ich war froh und glücklich, wieder festen Boden unter den Füßen zu haben, auch wenn jetzt der Trail unter und über umgestürzte Bäume und durch kreuz und quer wuchernde Weidenbüsche bei weitem nicht mehr so bequem war wie zu Beginn unserer Tour.

Wenige hundert Meter hinter dem Adnarko-Fluß wurde mir erstmals richtig bewußt, wie mutterseelenallein wir durch diese unbekannte Wildnis zogen, die seit einem Vierteljahrhundert kein Mensch mehr betreten hatte. Nicht einmal auf Indianer durfte man in einem Notfall hoffen. Ihre Nähe hätte ein geübtes Auge an Hufspuren, abgebrochenen Zweigen und vielen anderen Kleinigkeiten erkennen können.

Vor der Flußüberquerung hatten noch Reste von Campfeuern und Allradspuren auf einen gelegentlichen Jäger schließen lassen. Jetzt begleiteten uns nur noch die Trittsiegel von Hirschen und Scheeziegen sowie gelegentlich Bärenfährten von beachtlicher Größe.

Der Schock, den der Adnarko mir versetzt hatte, hatten die Gedanken an „Freund Petz" vorübergehend vertrieben. Aber jetzt war es mit einem Mal wieder da, das wilde Verlangen nach der zwei oder gar drei Meter messenden haarigen Decke und den bis zu fünfzehn Zentimeter langen, dolchähnlichen Krallen.

Bei der Vorstellung, daß ein Grizzly in dieser engen, unübersichtlichen Schlucht auftauchen könnte, wo es ihm ein leichtes gewesen wäre, einem der Pferde mit einem einzigen Prankenhieb den Kopf abzuknicken, war mir allerdings nicht ganz wohl.

Ed hingegen schien, wie immer, den Tatsachen realistisch ins Auge zu sehen, wie sonst wäre es zu erklären gewesen, daß er seine Winchester .30-30 aus dem Futteral nahm, entlud, das Wasser aus dem Lauf tropfen ließ und die Waffe mit dem Hemdzipfel sorgfältig abtrocknete. Wenn das kein Zeichen kommender Aktivitäten war!

Unverhohlen fühlte ich mich ihm gegenüber im Vorteil, hatte ich mir doch bei unserem unfreiwilligen Bad außer den Kleidern auch noch meine .30-06 Krico mit ihrem 220 grain Geschoß um den Hals gehängt und trocken über den Fluß gebracht. „German genius" brauchte ich nicht mehr zu wiederholen, es war zu offensichtlich.

26

Während Ed mit seiner Waffe beschäftigt war, standen wir mitten auf einer Grizzly-Spur. Sie mußte älteren Datums sein, sonst hätten sich unsere Vierbeiner nicht so lammfromm benommen. Selbst die lahmste und älteste Mähre setzt bei der Witterung einer frischen Bärenfährte zu einem lautstarken Blas- und Schnaufkonzert an und gerät in derartige Panik, daß selbst ein erfahrener Rodeo-Cowboy von Eds Kaliber alle Mühe gehabt hätte, seinen Willen durchzusetzen.

Die geladenen Waffen griffbereit, beobachteten wir beim Weiterreiten aufmerksam unsere Umgebung.

Wenn es schon kein Grizzly sein sollte, wäre mir ein Maultierhirsch auch recht gewesen. Was diesen betraf, hatte ich allerdings ganz „edle" Vorsätze: Es sollte ein absolut kapitales Exemplar sein, das ich davor bewahren wollte, von einem Wolf oder Bären gerissen zu werden; für jedes Stück minderer Qualität, so entschied ich, war der Transport zu aufwendig.

Der Trail verlief weiterhin in der von uns vermuteten Richtung, verengte sich aber immer mehr, bis er auf eine Breite von ungefähr 50 cm zusammenschrumpfte. Die Telegraphenleitung zog beständig ihre wenigen Fäden durch das Unterholz und diente gelegentlich einem alten Baum als Stütze.

Es war schon faszinierend, in Gedanken ein wenig die Zeit nachzuvollziehen, in der dieses Meisterwerk menschlichen Pioniergeistes entstanden war.

In Bella Coola lebten in den zwanziger und dreißiger Jahren schon mehrere hundert Einwohner, darunter auch eine Handvoll weißer Familien. Der Ort war, obwohl er auf dem Festland lag, wie eine Insel vollständig vom Rest der Welt abgeschnitten. Die Menschen lebten vom Fischfang im Fjord, alle anderen Waren und Güter jedoch mußten mit dem Boot über den Pazifik herangeschafft werden. Je nach Jahreszeit vergingen oft endlose Wochen, bis das sehnsüchtig erwartete Schiff wieder einmal im kleinen Hafen vor der Stadt festmachte.

Damals machten sich abenteuerlustige Techniker, der Teufel mochte wissen, was sie getrieben hat, mit indianischen Führern und weißen Helfern an dieses verwegene Bravourstück. Kein heute so selbstverständlicher Hubschrauber löste das Transportproblem. Jeder einzelne zugehauene Pfahl, jeder Meter Draht und jeder der heute bei Antiquitätensammlern so beliebten Isolatoren mußte unter unvorstellbaren Strapazen auf Packtieren herangeschafft werden.

Wie oft mag man in Bella Coola vergeblich auf die Telefonverbindung mit der Außenwelt gewartet haben, wenn wieder einmal einer der schweren Stürme um die Berge und durch die Schluchten getobt war – beileibe keine Seltenheit in dieser Zone zwischen Land und Meer, den eisigen Gletschern und dem tiefen, warmen Schwemmland.

Es war mir nicht länger vergönnt, den Faden meiner Phantasie weiterzuspinnen, denn die nächste Biegung bescherte uns eine höchst unangenehme Überraschung: Vor uns türmte sich ein regelrechtes Bollwerk aus umgestürzten Bäumen und bizarrem Astwerk, zu allem Überfluß noch durch die stabile alte Telegraphenleitung verstärkt.

Ich hielt mich nicht lange bei der Vorrede auf, sondern zog entschlossen die Axt aus dem Lederriemen, mit dem sie praktischerweise am Sattel befestigt war. Hier konnten wir uns nur durchschlagen, denn zu unserer Rechten stieg eine abweisende Felswand senkrecht in die Höhe, während auf der anderen Seite die schweren Bäume so dicht standen, daß sich nicht einmal ein ungesatteltes Pferd hätte zwischen den Stämmen hindurchzwängen können.

Verbissen kerbte und markierte ich die Schneise, die es in das Gewirr zu schlagen galt und hieb grimmig auf das harte Holz ein. Weil ich mich von Ed beobachtet fühlte, lag mir besonders daran, keine Schwäche zu zeigen. Als ich glaubte, mich genügend bewiesen zu haben, und mein Hemd vom Schweiß so naß war wie seine Hose vom Fluß, gab ich die Axt weiter, und er beendete das Werk. Ein echter Cowboy wie Ed hat immer eine Zange für Zäune und Hufnägel dabei, und so waren auch die dicken Kabel kein Problem. Es konnte weitergehen.

Ein weiteres kühles Bad blieb uns glücklicherweise erspart, dafür wurde der Trail immer ungemütlicher. Wir waren in den üppigen Regenwald der Küstenregion gekommen. Die mächtigen alten

Baumriesen standen wie eine Mauer, die sich von rechts und links immer dichter an uns heranschob. Das kräftige Buschwerk ragte von beiden Seiten bis in die Mitte des Pfades, so daß die Pferde wie durch die rotierenden Bürsten einer Autowaschanlage gingen. Nach unseren frei laufenden Packtieren brauchten wir uns nicht mehr umzuschauen, denn das regelmäßige Peitschen des Astwerks auf die Kisten verkündete unüberhörbar, daß sie uns gehorsam folgten. Bei diesem Lärm konnten wir den Gedanken an Jagd vorläufig begraben.

Das „Spießrutenlaufen" störte aber nicht nur die Vierbeiner, denn das lästige Strauchwerk wuchs bis über die Köpfe der Reiter, so daß die freie Hand ständig in Abwehrbewegung war, wenn man es nicht vorzog, in gleichmäßigen Rumpfbeugen unter den Hindernissen wegzutauchen. Als dritter hinter Ed und seinem Packpferd genoß ich den Vorteil, daß ich die Zügel freigeben und so manchmal beide Hände einsetzen konnte.

Unsere fleißige Oberkörpergymnastik wurde nach einiger Übung so perfekt, daß wir es, die Köpfe unterhalb des Sattelknopfes, spielend schafften, ohne lästiges Auf- und Absitzen auch unter halb umgestürzten Bäumen durchzuschlüpfen.

Dafür war allerdings optimales Augenmaß Bedingung, denn Pferde haben nun einmal von Natur aus die unangenehme Eigenschaft, beim geringsten Hängenbleiben augenblicklich in kopflose Panik auszubrechen und wie von Sinnen davonzustürmen, immer geradeaus, blind dafür, ob sie sich dabei den Hals brechen oder nicht.

Es gibt nur wenige Ausnahmen. Eine davon ist mein gutes altes Packpferd „G". Es bleibt, wenn es nicht mehr weitergeht, einfach stehen. Man sieht förmlich, wie es seinen Herrn dann vorwurfsvoll und kopfschüttelnd anschaut:
„Das solltest Du aber nun wirklich gesehen haben!" Dem treuen Kameraden und verläßlichen Gefährten so vieler Jagden und Wildnisabenteuer ist dann auch kaum zu widersprechen. Aber „G" war weit, und diese Zossen waren hier.
Schon wieder näherten wir uns einer Falle, aber diesmal zwang uns ein dicker, weitverzweigter Baumriese zum Absitzen. In

mühevoller Kleinarbeit trimmten wir das Astwerk, bis der Durchlaß eine Handbreit höher war als das Sattelhorn.

Ed nahm seinen Palomino, der einige Zentimeter weniger Stockmaß als die anderen Pferde aufwies, am Halfter, redete beruhigend auf ihn ein und führte ihn behutsam an die Öffnung heran. Zu keiner Denkleistung oder logischen Erkenntnis fähig, weigerte sich der Gaul beharrlich, den Hals herunterzunehmen. Alles Zureden und Nachhelfen blieb vergebliche Mühe. Weder im guten noch im bösen ließ sich das halsstarrige Vieh dazu bewegen, die wenigen Schritte in geduckter Haltung zu tun.

Wir maßen den querliegenden Stamm, der in seinen Dimensionen gut und gerne als Unterlage für eine Autobahnbrücke hätte herhalten können, abschätzend mit den Blicken. Die Vorstellung, den Rest des Tages axtschwingend verbringen zu müssen, löste keine sonderliche Begeisterung aus. Eds Gesichtsausdruck ließ keinen Zweifel daran, daß er auf Biegen und Brechen durch diese hohle Gasse wollte.

Mir sollte es nur recht sein, denn die Aussicht auf eine stundenlange Knochenarbeit behagte auch mir, dem der Sinn mehr nach Jagd stand, durchaus nicht.

Ed griff noch einmal zur Axt und erweiterte in einem zweiten Anlauf den Tunnel nach allen Seiten so weit wie eben möglich, um den Tieren die Angst vor der räumlichen Enge zu nehmen. Jetzt war rechts und links ausreichend Platz, so daß wir nicht einmal die Packpferde mit den breiten Boxen absatteln mußten.

Nachdem wir Westen, Jacken und Parkas wieder angezogen hatten, begannen wir die gleiche Prozedur mit einem der Packpferde, das noch nicht so scheu und nervös wie sein gescheiterter Vorgänger zu sein schien, und setzten bei den restlichen drei Rössern auf den Herden- und Nachahmungstrieb ihrer Rasse.

Ed nahm den Gaul vorne und redete wie ein Hypnotiseur auf ihn ein, während ich von hinten mit sanftem Nachdruck schob. Wir brachten ihn ohne Komplikationen auf Anhieb durch.

Na also! Nun würde es mit den anderen, die ihrem Vormann mit unruhigen Augen gefolgt waren, keine Schwierigkeiten geben.

Auf gleiche Weise konnten wir auch mein an die große Freiheit ohne Stall gewohntes Cowboypferd überreden, den etwa vier Meter langen Schlauch zu passieren.

Die beiden zurückgebliebenen wurden zusehends unruhiger, als auch ihr zweiter Genosse den Blicken entschwunden war.

In der Wildnis ist der Herdentrieb der Pferde weit ausgeprägter als unter normalen Umständen, sie kleben buchstäblich aneinander. Wahrscheinlich spüren sie instinktiv die größere Gefahr und suchen um so intensiver den Schutz in der Menge.

Und richtig: Nummer drei schaute nahezu sehnsüchtig auf das dunkle Loch. Kein Schieben und Ziehen mehr, im Gegenteil, Ed, der wieder vorwegging, konnte sich nur mit einem geistesgegenwärtigen Satz vor dem nachdrängenden Pferd auf die andere Seite ins Freie retten.

Kaum war die dritte Schweifspitze entschwunden, probte das Schlußlicht den Aufstand, zerrte wie verrückt am Seil, schnaubte und wieherte und schlug mit den Hufen, daß die Funken nur so aus dem felsigen Boden sprühten.

„Gut, schon gut, Alter, gleich seid ihr ja wieder beisammen!" trösteten wir und nahmen ihn zwischen uns.

Weder begütigendes Zureden noch das maßvolle Tempo konnten ihn einigermaßen beruhigen. Er stürmte blindwütig vorwärts, so daß wir nur noch wenige Schritte galoppierend mithalten konnten, riß sich los, nahm freiwillig den Hals herunter, schoß wie eine Rakete in den Tunnel und war mit dem Kopf auf der anderen Seite schon fast wieder draußen, als er mit der rechten Packbox geräuschvoll gegen einen vorstehenden Stumpf donnerte.

Er schreckte zusammen, machte einen unkontrollierten Satz nach vorn, knallte dabei mit dem Packsattel unter die Decke und geriet dann vollends aus dem Häuschen. Die Vorderbeine knickten ein, er raffte sich wieder auf und verfing sich erneut stolpernd und krachend im Geäst.

Um sich das unbeschreibliche Inferno vorstellen zu können, muß man ein in Panik geratenes Pferd, diese geballte, ungebändigte Kraft, weder gepaart mit Vernunft noch Verstand, erlebt haben. Hysterisches Schnaufen, schlagende Hufe, klappernde Packkisten und berstendes Holz mischten sich zu einem Höllenspektakel.

Wir standen tatenlos dabei, denn nur ein Lebensmüder hätte sich zu dem rasenden Ungeheuer in die enge Gasse wagen können.

Dann ein erneutes Schlagen, Krachen, Schürfen und, oh Wunder, der Pechvogel kam frei.

Schweißbedeckt, mit zitternden Flanken stand das Tier im Tageslicht, noch immer das Weiße in seinen panisch blickenden Augen.

Der Gaul war restlos erschöpft, so daß wir uns heranwagen und die Zügel oder besser, die Reste davon, greifen konnten.

Er stakste einige ungelenke Schritte auf seine Artgenossen zu. War das noch der Schock, oder hatte er sich etwa verletzt? Die kleine, blutende Wunde am Brustkorb hatten wir schon bemerkt. Sie war oberflächlich und unbedeutend. Aber nun machten wir uns besorgt daran, die Fesseln genauer zu untersuchen. Eine ernsthafte Verletzung hätte bei einer solchen Gewalttour das Todesurteil für ein laufkrankes Pferd bedeutet.

Ein Zurück war undenkbar, denn das Tier wäre nie mehr durch den Tunnel zu bewegen gewesen und auch nicht mehr in der Lage, den Fluß zu durchqueren.

Wir konnten weder einen Bruch noch eine andere zu ertastende Verletzung feststellen und atmeten erleichtert auf. Wer erschießt schon gern sein Pferd?

Erst jetzt betrachteten wir die Packboxen näher. Die linke war bei gutem Willen noch als deformierte, ehemalige Kiste zu erkennen, von der rechten hingen nur noch die Rückwand und ein Teil des Bodens von den zerfetzten Riemen und Seilen.

Daraufhin inspizierten wir ahnungsvoll die Unterführung, wo es in der Tat aussah, als sei soeben eine Granate eingeschlagen. Ein einzelner Socken baumelte einsam von der Decke, und am Boden fanden wir unsere beiden arg zerbeulten Aluminiumtöpfe wieder, ebenso eine Plastiktasse und zur Erinnerung an die zweite viele kleine Kunststoffsplitter. Ein Brot lag auf der meterlangen, mit Teebeuteln garnierten Zuckerspur. Außerdem bargen wir das zusammengelegte, unbeschädigt gebliebene Zelt und eine Isoliermatte, die für alle Zeiten ein Pferdehuf-Muster tragen wird.

Es gab viel zu tun, daher mußten wir an Ort und Stelle campieren, ein Weiterreiten in dieser Lage wäre Wahnsinn gewesen.

Zunächst wurden die Pferde abgesattelt und freigelassen. Sie pflegen in der Wildnis nicht wegzulaufen, und vor dem ihnen eigenen Drang zurückzulaufen brauchten wir in Anbetracht des Tunnels keine Angst zu haben.

Bald zupften sie an den spärlichen Gräsern und Pflanzen.

Ed und ich arbeiteten, wie in zahlreichen Jagd- und Abenteuercamps trainiert, stillschweigend Hand in Hand. Das Feuer, immer vorrangig in der Wildnis, prasselte zuerst, und als das Zelt aufgerichtet war, sprudelte in dem ziemlich verknautscht aussehenden Topf bereits das Wasser. Nach einer schnellen Tasse Tee – wir mußten die einzig übriggebliebene nun abwechselnd benutzen – sah alles nur noch halb so schlimm aus.

Mit Zange, Bindfaden und der grenzenlosen Improvisationsgabe der Cowboys reparierten wir die arg mitgenommene Packbox. Bei der zweiten mußten wir kapitulieren. Daraus ergab sich ein ernsthaftes Problem, denn das Gewicht am Sattel muß immer gleichmäßig verteilt sein, um nicht, was sehr schnell passieren kann, zu verrutschen.

Selbst ein artiger Sandbahnreiter europäischer Schule weiß um die Reaktion eines Pferdes bei abgleitendem Sattel – und das ist nur ein schwacher Vergleich zu einer schweren Packkiste, die plötzlich unter dem Bauch hängt. Doch die Frage des Beladens vertagten wir zunächst einmal auf den kommenden Morgen.

Die Abenddämmerung zog herauf, und der erste Schrei des Uhus vervielfältigte sich in den tief eingeschnittenen Tälern zu einem dumpfen Echo. Uns stand nicht der Sinn nach Romantik. Schweigend und gedankenvoll starrten wir ins Feuer, über dem in der Pfanne Speckscheiben brutzelten. Umzukehren erwog sicher keiner von uns. Sorgen machte uns um so mehr das lahmende Pferd auf einem Marsch, von dem wir nicht wußten, wie lange er noch dauern würde und welches Gelände uns noch erwartete.

Da es keine Beschäftigung mehr gab und Lagerfeuergespräche nicht in Gang kommen wollten, verzogen wir uns bald in die Schlafsäcke. Die Pferde hörten wir nahe beim Lager grasen, was uns ein Gefühl der Sicherheit gab, denn das Nahen eines Stück wehrhaften Wildes, besonders des Grizzlys, hätten sie mit einem so lautstarken Blasen angezeigt, daß wir sogar aus einer Ohnmacht erwacht wären.

Im Morgengrauen ertönte dicht über unseren Köpfen ein Schnauben, und die Halteleine des kleinen, flachen Zeltes wurde niedergetreten. Wir saßen sofort senkrecht in den Säcken, aber es war kein Alarmsignal, sondern nur ein freundliches „Good morning!" eines der Pferde.

Wie heiß die Liebe zur Bergwildnis auch sein mag, an einem nassen, frostigen Morgen aus dem molligen Schlafsack zu steigen, kostet Überwindung.

Erst als das Feuer wärmte und wir eine Menge heißer Pfannkuchen samt einer gehörigen Portion Tee aus unserer Gemeinschaftstasse im Magen hatten, wurden wir wieder unternehmungslustig.

Noch bevor der neue Tag sein strahlendes Herbstlicht angeknipst hatte, waren wir beim Aufbruch. Das Packpferd lahmte eindeutig und bekam nur seinen Sattel mit unseren beiden Daunenschlafsäcken aufgelegt. Den Inhalt der eingebüßten Kiste mußten wir, wohl oder übel, verteilen, denn Überflüssiges hatten wir nicht dabei.

Der Trail zeigte sich gnädig, und nur selten mußte die Axt uns den Weg bahnen. Die Telegraphenleitung begleitete uns so beständig wie der Fluß. Ein tiefblauer Himmel lag über den schon stark vergilbten Blättern der Ahorn-, Weiden- und Haselsträucher, und es zeigte sich noch einmal die ganze Farbenpracht des kanadischen „Indian Summer".

Der Baumbestand wurde allmählich spärlicher, wir gewannen merklich an Höhe. Um uns herum präsentierte sich alles so friedlich und voller Harmonie, daß ich meine Kamera herausholte um die Symphonie der Farben zur Erinnerung an diese denkwürdige Tour festzuhalten. Unsere Packpferde brauchten nicht mehr geführt zu werden. Das Tier mit unserer gesamten lebenswichtigen Habe ging sorgsam beobachtet zwischen Ed und mir, und der Lahme folgte uns wie ein braver Hund als Schlußlicht.

Ich hielt noch nach weiteren Motiven Ausschau, als die bunten Büsche einen kurzen Blick auf Ed, der etwa sechs Pferdelängen

Die Weite der Landschaft und die Irrtümlichkeit des Elchwildes passen gut zusammen.

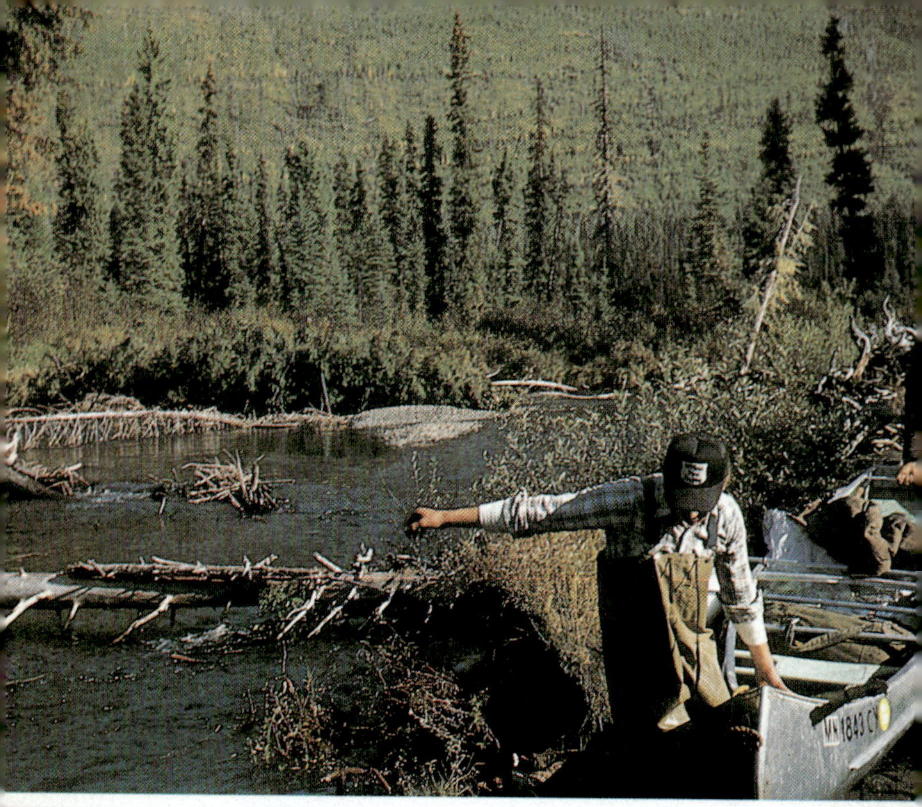
MN 1843 CY

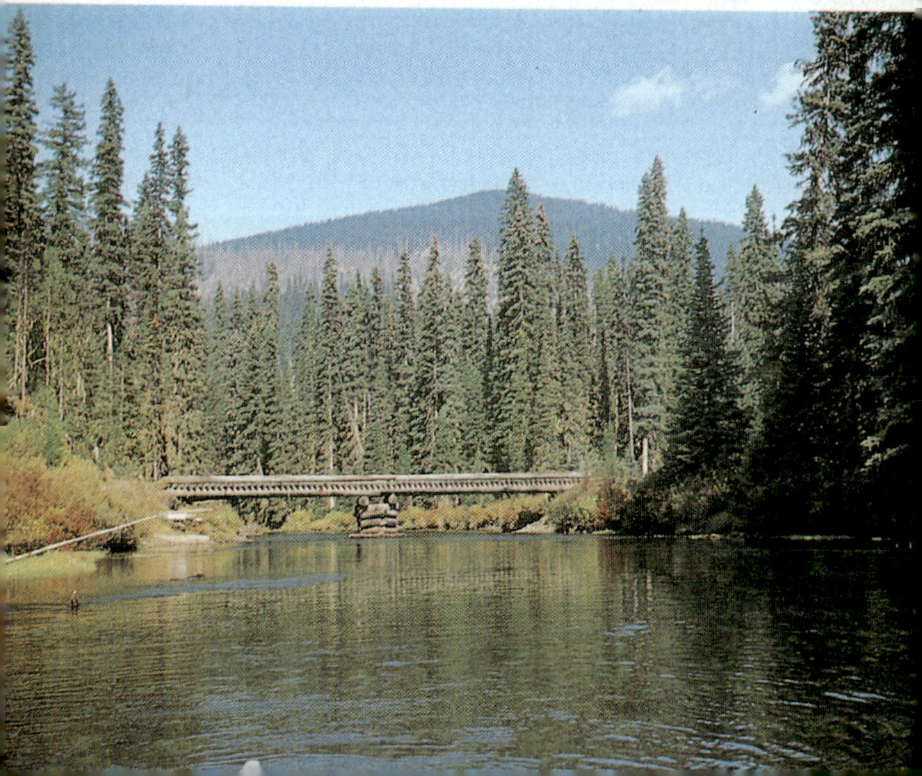

vor mir ritt, freigaben. Er verlangsamte gerade die Gangart und machte den für ihn so typischen „langen Hals". Irgendetwas lag in der Luft.

Automatisch verschwand der Fotoapparat in der Tasche, und ich nahm die lose über dem Sattelhorn liegenden Zügel wieder auf. Die Tatsache, daß Ed nicht zum Gewehr griff, machte mich etwas stutzig, andererseits hatte ich während unserer vielen Jagdpartien oft seine Kaltblütigkeit bewundert. Er ist nicht der Typ, der beim Anpirschen eines Bären mit zitternden Händen die Waffe umklammert. Vielleicht wollte er mir auch das Privileg des ersten Schusses lassen.

Ehe er sich vielleicht umdrehen konnte, prüfte ich mit einem schnellen Griff, ob sich meine Büchse glatt aus dem Etui ziehen ließ und das Zielfernrohr frei von Nadeln, Blattzeug und Wasser war. Dann drängte ich mich am Packpferd vorbei, kämpfte meine Erregung nieder und ritt langsam und lautlos auf, die Hand schon rückwärts am Futteral..., wo sie wie festgenagelt liegenblieb.

Was Ed zum Halten veranlaßt hatte, war weder ein Bär noch ein kapitaler Maultierhirsch, es war das Ende des Trails, der sich jenseits des Adnarko fortsetzte.

By God! Dieser verdammte Fluß!

Und ein Ausweichen war wieder so unmöglich wie beim ersten Mal.

Ed ging nicht so unverzüglich ans Werk wie am Vortag. Er verharrte wie ein Monument im Sattel und betrachtete ernst und lange den wild vorbeischießenden Fluß. Dann wanderten seine Blicke zu unserem Lahmen und dem restlos überladenen Packtier.

Die Pferde hatten während dieser unheilvollen Pause gelangweilt zu grasen begonnen. Ausnahmsweise war ich froh, daß sie so gar keinen Verstand besitzen.

An dieser Stelle erübrigte sich jeder Versuch, trocken auf die andere Seite zu gelangen. Zwar führte der Adnarko hier weniger Wasser als an seinem Unterlauf, dafür ergoß er sich aus dieser Höhe ungleich reißender ins Tal. Rasende Wirbel und spitzzackig herausragende Felsen deuteten auf unberechenbare Spalten und eine gefährliche Strömung.

Aus der Alltäglichkeit ins ungewollte Abenteuer: Der Ausflug zum McKusky River wird zu einer halbrecherischen Zitterpartie.

Obwohl uns einzig um die Sicherheit von Pferden und Reitern zu tun war, zogen wir die wasserdichten Hüllen der Schlafsäcke fester, überprüften die Seile, gurteten nach und bemühten uns, die geliebten Waffen so gut wie möglich zu schützen.

Ohne das hier sicherlich angebracht gewesene „Good luck!" machte Ed wieder, wie selbstverständlich, den Anfang. Er zog das schwer beladene Packpferd hinter sich her, verzichtete aber auf das sichernde Zusatzseil, weil, wie er mir später erklärte, mit starkem Abtreiben und möglichem Abkommen vom Pferd zu rechnen war. Dabei bestand die Gefahr, sich restlos in der Leine zu verstricken und nicht mehr aktionsfähig zu sein.

Wie wir befürchtet hatten, war das Flußbett stark zerklüftet, so daß Eds Pferd mehrmals nur knietief auf einem kleinen Plateau im Wasser stand, um Sekunden später, heftig mit den Vorderläufen schlagend, gerade noch mühsam den Kopf über der Oberfläche zu behalten.

Ich bewunderte Eds überlegene Ruhe, die sich zweifellos auf das Pferd übertrug, das zwar verzweifelt kämpfte, aber nie in unkontrollierte Panik geriet. Jeder einzelne Schritt vorwärts mußte mühsam erobert werden, aber es klappte bis dahin besser, als wir zu hoffen gewagt hatten. Wäre Ed bloß nicht so weit flußabwärts getrieben worden! Er bewegte sich immer mehr einem Steilufer zu, an dessen Hang er unmöglich hochkommen konnte.

Gott sei Dank! Er schien es auch bemerkt zu haben, denn er lenkte seinen Palomino jetzt ganz bewußt gegen die Strömung an und steuerte auf eine kleine Felsgruppe zu, die einen schmalen, ebenen Absatz unter Wasser bot. Das Pferd zog sich mühsam hinauf und hatte gerade die zweite Hinterhand aufgestellt, als der Platz vorne zu knapp wurde. Ed nahm das Tier zusammen, versuchte auszubalancieren, aber es war nichts mehr zu retten: Pferd und Reiter überschlugen sich und verschwanden kopfüber in der Tiefe.

Mir blieb vor Schreck fast das Herz stehen, und Schreckensvisionen zogen wie ein zu schnell abgedrehter Film an meinem inneren Auge vorbei. Nach diesem Salto mußte Ed zwangsläufig unter die halbe Tonne Pferd geraten sein. Und gleich nach meiner Sorge um den Gefährten, ich schäme mich im nachhinein, dachte ich, ganz egoistisch, daran, daß ich ohne Partner restlos verloren war.

Ich stierte noch immer auf den Punkt, wo der Fluß beide verschlungen hatte, als Eds Kopf – aber das konnte nur eine Halluzination sein – einige Meter weiter prustend auftauchte. Erst als ein kräftiger Fluch über das Brausen bis an meine Ohren drang, wagte ich, an das Wunder zu glauben.

Jegliches Zeitgefühl war mir längst verlorengegangen, aber irgendwann stand Ed, dieser Teufelskerl, mit seinem Palomino am sicheren anderen Ufer und bugsierte auch noch das Packpferd geschickt aufs Trockene.

Ich versuchte, meiner Stimme Festigkeit zu geben. „Are you okay?" brüllte ich hinüber. „Shure!" kam die Standardantwort. Mehr gab es nicht zu sagen.

Diesmal verzichtete ich darauf, Heldenmut vorzutäuschen, es gab nur ein Entweder-Oder, jedenfalls kein Zurück.

Chronologisch vermag ich nicht zu berichten. In meiner Erinnerung sind nur Fragmente von wirbelnder Naturgewalt, Felsen und Pferdeleibern haftengeblieben. Dennoch lief mein Experiment etwas glimpflicher als bei Ed ab, denn auf den letzten, entscheidenden Metern habe ich mich vom Sattel getrennt und nur noch die Leine des Packtieres festgehalten. So erreichten wir drei schwimmend die Uferböschung, an der wir von Ed einzeln herausgezogen wurden.

Während wir uns auszogen und vor lauter Erleichterung das Wasser etwas zu theatralisch aus den Cowboystiefeln kippten, schüttelten sich die Pferde nur kurz und begannen friedlich und geruhsam zu grasen, als sei nichts gewesen.

Als erstes war ich natürlich begierig zu erfahren, wie es Ed gelungen war, diesen fatalen Sturz gesund und lebendig zu überstehen.

Erklärend vorausschicken sollte ich, daß ein ungeübter Reiter bei einer heftigen Bewegung des Pferdes sehr rasch unfreiwillig aus dem Sattel gehoben wird, was unter Umständen seine Rettung bedeuten kann.

Der trainierte Reiter, und erst recht ein waschechter Cowboy oder Rodeo-Mann, pflegt automatisch seine Schenkel wie Greifarme eines Schraubstocks um den Pferdeleib zu pressen und bleibt deshalb in jeder Lage oben.

So klebte auch Ed fest im Sattel, als er kopfüber in einen Felsspalt stürzte. Es hätte sein sicheres Ende bedeutet, wäre dieser nicht nach unten so spitz zugelaufen, daß ein menschlicher Körper gerade noch Platz fand, der breite Pferderücken mit dem ausladenden Sattel aber schon weiter oben gebremst wurde. Die Tiefenströmung riß Ed einige Meter mit, so daß er auch den verzweifelt schlagenden Hufen entkommen konnte.

Bei seinem Bericht verloren die immer gleichbleibenden, fast unbeweglichen Gesichtszüge mit dem unverkennbar indianischen Einfluß zum ersten Mal für Sekunden etwas von ihrer Beherrschtheit, fingen sich aber sofort wieder.

Als es kurz darauf noch einmal verdächtig um Eds Mund zuckte, gab ich mich mit seiner Antwort, daß alles okay sei, nicht mehr zufrieden und drang so lange in ihn, bis er gestand, daß er nicht mehr richtig durchatmen könne.

Eine Rippe war gebrochen oder angeknackst, für leidenschaftliche Reiter und erst recht für Cowboys ein „Berufsrisiko" und kein Grund zur Aufregung. Allein, daß jetzt an Schonung nicht zu denken war, weil wir unseren unberechenbaren Weg bedingungslos zu Ende gehen mußten, machte die Sache kritisch.

„No big deal!" (keine große Sache) entschied Ed kurz und energisch, stellte fest, daß nicht einmal etwas von der Ausrüstung verlorengegangen war und drängte zum Weitermarsch.

Wir trugen keinen trockenen Faden mehr am Leib, und unsere Schlafsäcke trieften. Deshalb mußten wir schleunigst den Berg hinauf, wollten wir die letzten Strahlen der Sonne noch ausnutzen. Als wir uns den Pferden zuwendeteten, stutzte Ed und runzelte die Stirn. Da bemerkte auch ich es: Nur drei der Pferde fraßen sich den Trail entlang. Eds Palomino, dieser ständig nach Futter heischende, robuste Freund, der sonst niemals genug bekommen konnte, stand mit hängendem Kopf und döste vor sich hin. Ein höchst alarmierendes Zeichen!

Ed tastete ihn fachkundig ab, und ich trug, so gut ich konnte, meinen Teil an Pferdeverstand dazu bei. Es gab leider keinen Zweifel: Wir hatten ein zweites lahmendes Pferd. Das machte

unsere Lage bedenklich, waren wir doch von diesem Moment an
ohne jegliche Reserve.

Ohne Pferde können nur Indianer und Trapper in der Wildnis
überleben. Für den zähen und erfahrenen Ed sicher kein Problem,
aber was war mit mir? Mein zur Jägerprüfung vor zwanzig Jahren
fast auswendig gelernter „Blase" konnte mir dabei auch nicht
helfen.

Es gab nichts zu überlegen: Das Packpferd wurde abgesattelt und
erhielt statt der Kisten den Reitsattel, der Palomino die Pack-
taschen aufgelegt. Auch schwere Packboxen sind nämlich bei
einem entsprechenden Tragsattel für ein Pferd bei weitem nicht so
belastend wie das Gewicht eines Reiters.

Aller Tierliebe zum Trotz, es mußte weitergehen, gleichgültig
wie, denn erschießen wollten wir eines der Pferde wirklich erst,
wenn es überhaupt keinen anderen Ausweg mehr geben würde.

Aus dem Blickwinkel eines gemütlichen Lese-Sessels in der
wohlorganisierten Zivilisation mögen unsere Handlungen und
Gedanken brutal anmuten. Aber die Realität der Wildnis ist nun
einmal gnadenlos. Sie hat, ohne grausam oder ungerecht zu sein,
ihre eigenen, ganz natürlichen Gesetze: Das Starke und Gesunde
überlebt, was schwach oder krank ist, bleibt auf der Strecke.

Wir konnten unsere Aufmerksamkeit nicht länger den bedau-
ernswerten Begleitern zuwenden, sondern mußten uns um den
Weg kümmern. Der Trail war nicht mehr sicher auszumachen.
Wir waren wohl bereits abgekommen, bewegten uns aber auf der
einzigen überhaupt begehbaren Fläche. Zu unserer Linken
behinderten lose Geröllhalden unser Fortkommen, während sich
rechts ein undurchdringlicher Wust aus umgestürzten und zer-
splitterten Bäumen, Gesteinsbrocken, verfilzt von verkrüppeltem
Unterholz, ausbreitete. Der einzige Wegweiser die Halde entlang
war unsere Nase, denn die Telegraphenleitung begleitete uns
schon lange nicht mehr. Wahrscheinlich war der ursprüngliche
Trail, den wir weiter östlich vermuteten, irgendwann im Laufe der
langen Jahre von Geröll-Lawinen verschüttet worden.

Wir kamen immer höher bergan und blickten bald von oben auf
den Adnarko herab, der aus dieser Entfernung recht harmlos
wirkte.

Wenig später eröffnete sich uns ein großartiges Panorama. Wir standen mitten im Küstengebirge, unserer Costal Range, aber an Genießen oder gar Verweilen war nicht zu denken. Der Weg führte nun doch über das Geröll ziemlich steil empor. Wir mußten absteigen und die Pferde führen.

Jeder Schritt auf diesem losen Untergrund fiel schwer und zehrte an den Kräften. Es war nicht mehr zu unterscheiden, ob unsere schmutzigen Klamotten vom Schweiß oder vom Flußwasser am Körper klebten.

Wir gewannen immer weniger an Höhe, hatten vorübergehend sogar den Eindruck, eher weiter den Berg herunterzurutschen, als auch nur einen Meter gut zu machen. Nebenbei mußten wir unablässig darauf achten, nicht von herabpolternden Steinen getroffen und verletzt zu werden. Daß wir für vier Pferde mitdenken und aufpassen mußten, versteht sich von selbst. Sie schleppten sich schweißnaß ergeben hinter uns her und zeigten bereits deutliche Merkmale der Erschöpfung.

Derartige Steigungen– und besonders den Packsattel – waren Cowboypferde nicht gewohnt. Bei diesem Schneckentempo wurde es immer fraglicher, ob wir das Plateau vor Sonnenuntergang noch erreichen konnten, um unsere wichtigsten Sachen zu trocknen.

Kurz vor dem Rand fiel das Gelände unter uns so jäh ab, daß ein Pferd beim geringsten Ausrutschen unweigerlich in die Tiefe gestürzt und rettungslos verloren gewesen wäre.

Maulesel sind allgemein für ihre Zähigkeit und Geschicklichkeit in den Bergen bekannt, aber unsere Quarterhorses, das muß bei dieser Gelegenheit einmal deutlich gesagt werden, standen ihnen in nichts nach, obwohl die Kletterei für sie wegen des viel höheren Körpergewichtes und der großen Hufe erheblich schwieriger war.

Wir gaben alle sechs unser Bestes und standen endlich keuchend und mit zitternden Knien auf dem Plateau, das sich zu unserer Überraschung nicht, wie erwartet, kahl und unwirtlich präsentierte, sondern eher einer lieblichen Almwiese glich. Nicht einmal der klare Bach fehlte.

Ohne groß zu verschnaufen, wählten wir den Platz für das Camp, sattelten ab und öffneten eiligst die Packs, um Zelt, Schlafsäcke und Ersatzwäsche unter den letzten Strahlen der Sonne zum Trocknen auszubreiten. Dann kümmerten wir uns ausgiebig um unsere Vierbeiner, die sich so tapfer geschlagen hatten.

Zur Nacht bekamen drei von ihnen „hobbles" um die Fesseln, mit denen sie sich nur zentimeterweise fortbewegen können. Die Verführung auf dieser weiten Fläche war für sie zu groß, und wir hatten weder Zeit noch Lust, unter Umständen einen halben Tag mit Suchen zu verbringen. Das vierte wurde in Lagernähe an einer langen Leine festgebunden, so daß es reichlich Auslauf zur Futtersuche hatte. Dies sozusagen als Rückversicherung, denn sollten sich die drei Kameraden trotzdem zu weit entfernen, würde das zurückgebliebene Tier so lautstark protestieren, daß wir davon mit Sicherheit aufwachen würden.

Für europäische Pferdefreunde sei gesagt, daß alle Ranch-, Jagd- und Cowboypferde das Angebundensein am langen Strick ihr Leben lang gewöhnt sind und daher kein Anlaß zu Sorge besteht, daß sie sich verheddern oder gar strangulieren könnten.

Daß Ed und ich nach diesem schweren Tag ausgepumpt und kaputt waren, spielte keine so große Rolle, denn schließlich war es unser eigener Entschluß und unser freier Wille, den Precipice-Trail wiederzuentdecken. Unsere Sorge galt allein den Pferden, die mittlerweile alle irgendwelche Prellungen und Verletzungen aufwiesen und ganz eindeutig überfordert waren. Konnten wir überhaupt noch hoffen, daß sie keine bleibenden Schäden zurückbehalten würden?

In diesen Breiten bedeutet ein Pferd für den „working cowboy" oder den Jagdführer das gleiche wie für einen Handelsvertreter sein einwandfrei funktionierendes Auto.

Während der Hauptjagdsaison oder beim „Cattle drive", dem herbstlichen „Round up" braucht ein Mann sogar mehrere Pferde pro Tag zum Wechseln.

Obwohl wir wahrhaftig andere Probleme hatten als die Jagd, stand außer Frage, daß speziell dieses Biotop ideal für Großwild jeglicher Art war. Aber unsere Waffen waren zu allem möglichen zu gebrauchen, nur nicht mehr zum Schießen. Äußerlich waren die Futterale zwar im Wind getrocknet, doch innen würden sie noch tagelang feucht bleiben. Kammern und Läufe unserer

Gewehre trieften vor Wasser. Als das Lagerfeuer brannte, nahmen wir die Büchsen auseinander, trockneten jedes Teil sorgfältig ab und legten alles ans Feuer.

Mit dem Nachtmahl sah es für uns bescheiden aus. Nur Butter und Speck hatten das Bad unbeschadet überstanden. Die Pfannkuchen-Mischung hätte einen vorzüglichen Kleister abgegeben, sie war schon in der Packtasche zu Rührei verquirlt, und unser Brot schmeckte wie ein nasser Badeschwamm.

Der einzige Lichtblick waren zwei übriggebliebene Steaks. Wir mußten bei ihrem Anblick unwillkürlich schlucken. Während der Zubereitung übertrafen wir einander an Hilfsbereitschaft, dem anderen die Arbeit abzunehmen, nur, um uns immer wieder die Finger ablecken zu dürfen. Wir verspeisten sie mit Andacht und schlürften anschließend unseren bereits im Adnarko-River gewässerten Tee. Danach fühlten wir uns wieder besser und redeten gegen unsere Gewohnheit außerordentlich viel.

Zum Abend kam empfindliche Kühle auf, doch Feuerholz gab es genug. Da sich die Isoliermatten nach wie vor patschnaß anfühlten, sammelten wir eine dicke Schicht Tannenzweige als Unterlage. Auch die Satteldecken, die wir sonst zusätzlich ausbreiteten, waren noch vollgesogen von Feuchtigkeit und nicht zu gebrauchen. Unsere Schlafsäcke waren zwar äußerlich wieder trocken, aber innen noch so klamm, daß sie sich nur als Zudecke eigneten. Lediglich das Zelt war einigermaßen in Ordnung.

Es wurde ein äußerst spartanisches Lager, aber wir nahmen es nach den heil überstandenen Gefahren dieses Tages und mit einem schlechten Gewissen wegen der Tiere klaglos hin.

Trotz unserer bleiernen Müdigkeit wurde es eine schlaflose Nacht. Die Körperwärme entwich rasch nach unten durch die Tannenäste, und aus den Schlafsäcken zog die restliche Feuchtigkeit in unsere Kleider.

Wir bemühten uns zwar mehrere Stunden lang, möglichst bewegungslos zu liegen, um den anderen in dem winzigen Zelt nicht dauernd zu stoßen und zu stören. Die Rücksichtnahme aber wurde immer unerträglicher, weil wir nicht nur erbärmlich froren, sondern auch die klobigen Zweige tiefe, schmerzhafte Profile in unseren Körpern hinterließen.

Es war noch nicht Mitternacht, als wir uns unter unmißverständlich gemurmelten Flüchen eingestanden, daß es so keinen Zweck habe. Wir standen wieder auf und schürten das Feuer.

Das Teewasser in unserem verbeulten Aluminiumtopf kochte schnell, und die undefinierbare braune Flüssigkeit aus den aufgeweichten Teebeuteln ohne Milch, Zucker oder Zitrone gab wenigstens von innen ein bißchen Wärme. Zum äußerlichen Anwärmen drehten wir uns wie die Hähnchen am Grill, denn kaum war die dem Feuer zugewandte Seite ein wenig aufgewärmt, kroch an der Rückseite schon wieder unerbittlich die Kälte hoch. Wir waren nicht in der Gemütslage, den sternenübersäten Nachthimmel zu genießen, sondern stierten meist wortkarg in die Flammen und hingen unseren Gedanken nach, während um uns herum kleine weiße Dampfschwaden aus den zum Trocknen näher ans Feuer gelegten Sachen in die Dunkelheit aufstiegen.

Um Mitternacht, als der Mond aufgegangen war, setzte die Musik der Wildnis ein: Ein Wolf heulte in einem der tiefen Seitentäler.

Unsere ausländischen Gäste sind im kanadischen Busch oft enttäuscht über die „tödliche Stille" – wie sie es nennen. Es fehlt ihnen das aus der Heimat vertraute Zirpen der Grillen, das übermütige Zwitschern der zahlreichen Vogelarten. Aus dem nächsten Ort dringt ständig verhaltener Lärm, und auf der meist nie sonderlich weit entfernten Straße lassen sich die Motoren der Kraftfahrzeuge vernehmen.

In Kanadas Wildnis gibt es keinen Zivilisationslärm. Zum anderen erscheinen die Jagdgäste in den nördlichen Jagdrevieren im Herbst, zu einer Zeit also, in der die meisten Vögel – einschließlich mehrerer Kolibri-Arten – bereits auf dem Weg in den wärmeren Süden sind. Schalen- und Raubwild pflegt sehr leise zu ziehen. Nur Wölfe, die Coyoten, Enten und Gänse sind gewöhnlich zu hören.

Der tiefe, langgezogene Ton wurde aus verschiedenen Richtungen wie ein vielfaches Echo beantwortet. Für geübte Ohren ist es immer wieder ein interessanter Zeitvertreib, diesem Hörspiel zu lauschen und die akustischen Signale in Gedanken als Anhalt für das derzeitige Handeln des Rudels umzusetzen. Weil wir nichts Besseres zu tun hatten, widmeten wir uns konzentriert dem nächtlichen Jagdausflug dieser intelligenten und überaus vorsichtigen Gesellen. Die Wölfe halfen uns dabei, die fröstelnden Stunden des Wartens zu überbrücken.

Täusche ich mich, oder war das Heulen tatsächlich nähergekommen? Auch Ed war aufmerksam geworden. Es konnte wohl keinen Zweifel geben: Sie hatten Wind von uns bekommen. Die Rufe aus den verschiedenen Richtungen ertönten in immer kürzeren Abständen.

Auf acht bis zwölf Wölfe schätzten wir das Rudel, das uns inzwischen mit fast mathematischer Präzision eingekreist hatte und zur gegenseitigen Verständigung markdurchdringende Töne in den Nachthimmel sandte.

Die Pferde standen etwa hundert Meter entfernt und hatten das Geheul mit wechselndem Ohrenspiel registriert, auch kurz den Kopf aufgeworfen, sich dann aber wieder unbeeindruckt dem saftigen Gras zugewandt.

Die Reaktion eines Pferdes, das den Wolf erst einmal gewittert hat, ist unberechenbar. Wir wollten ein „Round up", also das Suchen und Einfangen, ersparen. Außerdem bestand die Gefahr, daß sich die Tiere bei panikartiger Flucht durch die „hobbles" Genick oder Beine brechen. Deshalb sorgten wir vor und banden alle vier Pferde dicht beim Lager an, um unliebsame Überraschungen von vornherein auszuschalten.

Das Wolfsrudel hatte wahrscheinlich schon meilenweit entfernt die Witterung der Pferde aufgenommen und sich dann nach uraltem Jagdrhythmus zu einem Kreisverband formiert, der sich nun enger und enger um uns schloß.

Wer mit deutschem Kulturgut aufgewachsen ist und schon als kleiner Junge die bösen Isegrim-Geschichten verschlungen hat, kommt mit regelrechten Horrorvorstellungen über Wölfe nach Kanada.

Ich hatte schon in meinem ersten Winter hier hinreichend Gelegenheit, Erfahrungen mit Wölfen zu sammeln, die sich dem Menschen gegenüber glücklicherweise nicht so verhalten wie in den Märchen der Gebrüder Grimm. Deshalb brauchte ich in jener Nacht am Lagerfeuer meine Gelassenheit und Furchtlosigkeit nicht vorzutäuschen.

Wie eng sich der Zirkel auch schließen würde, der menschliche Geruch reichte allemal aus, um sie auf genügendem Abstand zu halten.

Da der Wind günstig für uns stand, würden die Pferde keine Wittrung aufnehmen können. Das Heulen allein beunruhigte sie nicht. Für den Fall, daß der Wind drehen sollte, waren sie nun sicher in der Nähe des Lagers vertäut.

Die Schlafsäcke dampften nicht mehr, ein Zeichen, daß sie endlich trocken waren. Die Wolfssippe verharrte in Anbetracht unserer wachsenden Müdigkeit zu lange tatenlos, als daß wir ihren Rückzug noch verfolgen wollten. So begaben wir uns, als Nachtmusik das Konzert im Hintergrund, mit den mollig warmen Säcken wieder ins Zelt, um augenblicklich in Schlaf zu fallen, aus dem uns weder Blitz noch Donnerschlag geweckt hätte.

Bei der ersten morgendlichen Berührung der Zeltplane hörten wir eine dünne Eisdecke brechen, und als wir vorsichtig die Köpfe hinausstreckten, lag die Welt unter einem weißen Schleier von Rauhreif. Unser Atem dampfte in der kalten Morgenluft.

Die Pferde standen mit hängenden Köpfen dicht beieinander und wurden umgehend losgebunden, damit sie weiden konnten. In den Bergtälern findet sich immer ausreichend nahrhaftes Futter, so daß die genügsamen Tiere in der Lage sind, ihren Kräfteverschleiß einigermaßen auszugleichen.

Weniger gut stand es um Ed und mich: Die beiden Steaks waren längst verdaut und übrig nur noch das aufgeweichte Brot, ein wenig Speck und einige Teebeutel, gerade genug, um den Magen nicht total zu enttäuschen. Wir wollten uns nicht beklagen, denn mit einer Restaurant-Kette hatten wir auf dem Precipice-Trail ja nun nicht gerechnet.

Mit dem Aufbruch hatte es diesmal keine Eile. Den Pferden stand gewiß wieder ein schwerer Tag bevor, deshalb sollten sie sich vorher ausgiebig sattfressen. Wir trockneten derweil unsere Sachen erneut am Feuer und kochten noch einmal die heiße graubraune Brühe, genannt „Tee".

Heute galt es unbedingt, den Trail wiederzufinden, nicht nur, weil wir uns zum Ziel gesetzt hatten, die Originalstrecke zu nehmen. sondern auch, weil nur er uns den sicheren Ausgang aus dem

Küstengebirge garantierte. Tagelanges Umherirren und Suchen durften wir den Pferden nicht mehr zumuten, und außerdem näherten sich unsere Vorräte dem Ende. Nach meiner Berechnung mußten es noch etwa 30 Kilometer Luftlinie bis zum langsamen Abfall des Gebirges bei Anahim Lake sein.

Nachdem die Tiere ihr Frühstück in Ruhe beendet und wir uns überzeugt hatten, daß ihr Zustand nicht schlechter geworden war, setzten wir uns der Höhenlinie entlang in Bewegung. Unsere Waffen funktionierten wieder und waren durchgeladen. Mehrmals trafen wir auf Grizzly-Spuren. Man erkannte deutlich, wo das Leckermaul nach Murmeltieren gegraben hatte. Auch metertief unter der Erde buddelt er sie mit seinen langen Krallen geschickt aus, und der 300 bis 500 Kilogramm schwere Bursche rollt sogar mannshohe und tonnenschwere Felsblöcke beiseite, um an seine Delikatesse zu gelangen.

Das Murmel hat ebenso wie das andere Wild nur geringe Chancen zu entkommen, wenn der Bär mit einer Geschwindigkeit bis zu 50 Stundenkilometern zur Verfolgung ansetzt. Wohl denen, die ihn aus sicherer Distanz gewahr werden und noch das Weite suchen können. Der Bär hat in der Tierwelt keinen Feind, den er zu fürchten brauchte.

Dem Menschen dagegen weicht er aus. Greift er dennoch einmal an, geschieht das vorwiegend aus folgenden Gründen: Entweder er wird bei seinem Riß gestört; jemand gerät zwischen ihn und seinen Nachwuchs; er ist krank und kann sich nicht mehr ernähren, oder er fühlt sich verfolgt, überrascht oder in die Enge getrieben. Unter diesen Umständen ist die Konfrontation dann allerdings oft tödlich – es sei denn, man kann ihm rechtzeitig eine Kugel verpassen, die ihn augenblicklich stoppt. Aber nun genug der Grizzly-Storries.

Auf der Suche nach unserem Trail waren wir in 1.600 Metern Höhe in eine parkähnliche Landschaft und leider in ein Hochmoor geraten.

Der Boden zitterte und bebte bei jedem Hufschlag, die Pferde scheuten vor den schwarzen Wasserlöchern, und wir gaben unsere Bemühungen bald auf, trockenen Fußes die nur wenige hundert Meter vor uns liegende Anhöhe zu erreichen.

Es kommt nicht oft vor, daß Pferde einfach den Dienst verweigern; eine dieser seltenen Ausnahmen ist ein Sumpfgebiet. Sie prüfen zögernd jeden Schritt mit gesenktem Kopf wie ein Fährtenhund. Fangen sie erst an, mit den Nüstern zu blasen, muß man damit rechnen, daß sie, alle Viere bockbeinig nach vorn gestreckt, zu keinem weiteren Schritt mehr zu bewegen sind.

Ed nahm sich als ersten seinen Palomino vor und ermunterte ihn mit gutem Zureden, aber schon nach wenigen Metern versank das Pferd bis zum Bauch im Morast. Die Grasnarben, auf denen wir uns springend fortbewegten, waren für Pferdehufe zu klein und trugen allenfalls das Gewicht eines Menschen.

Einmal in eine solch hilflose Position geraten, gab der Gaul sofort kampflos auf. Für uns war das nicht die erste Erfahrung dieser Art: Ed nahm ihn vorne an die lange Leine, und ich hatte ihn von hinten betont unsanft davon zu überzeugen, daß Sturheit zu nichts anderem als zu einer Moorleiche führt.

Meine Behandlung mußte ihm, wie geplant, nicht gepaßt haben, denn er machte spontan einen mächtigen Satz vorwärts. Die schwarze Brühe spritzte auf wie eine Fontäne, verdunkelte kurz die Umgebung und regnete dann als Tarnfarbe auf mich herab. Ed zog mit Nachdruck am Seil, das Pferd stolperte unbeholfen vorwärts und erreichte ein Stück weiter mit zitternden Flanken festen Grund. Der vormals goldgelbe Palomino hatte sich in einen Rappen verwandelt.

Die restlichen Pferde führten wir im großen Bogen an diesem Modderloch vorbei. Zwar sackten sie nur wenige Handbreit ein, da sie aber aufgeregt sprangen und stolperten, sahen auch sie am Ende wie nach einem Vollbad im Moor aus.

Wieder waren wir zu einer Zwangspause verurteilt. Die Pferde konnten sich ein wenig erholen, während wir ihnen mit Ästen den Schlamm vom Fell schabten und Sattelzeug und Gepäck notdürftig reinigten.

Als hätten wir nach dieser Schlamm-Schlacht eine Belohnung redlich verdient, signalisierten wenig später die Telegraphendrähte, daß wir unseren Trail wiedergefunden hatten, der sich bei spärlicher Vegetation so breit und übersichtlich präsentierte, daß wir sogar wieder aufsitzen konnten.

Von weiteren Komplikationen blieben wir vorerst verschont, so daß wir nicht nur Muße hatten, die hinreißende Landschaft zu bewundern, sondern daneben auch noch mehr Kilometer zurücklegten, als an den beiden Vortagen zusammen.

Als wir später in eine riesige Waldzone eintauchten, trafen wir auch bald wieder auf die leider so vertrauten Barrikaden, die in immer kürzeren Abständen den Weg versperrten. Die Axt fand bis zum Abend den Weg nicht mehr zurück in ihre Halterung.

Der Tag endete mit einer angenehmen Überraschung: Mitten auf dem Trail liefen wir direkt in eine verfallene Blockhütte, eine „Tramper-Cabin", wie man hier sagt. Sie dient in strengen Wintern Indianern und Pelzjägern als Zuflucht, wenn sie lange Strecken unterwegs sind, um die Fallen zu kontrollieren. Man sah deutlich, daß sie seit vielen Jahren nicht benutzt worden war, denn Eichhörnchen und Mäuse führten den Haushalt. Viel gab es nicht, was sie hätten zerstören können. Neben der Tür stand ein alter verrosteter Yukon-Ofen, eine zur Feuerstelle umfunktionierte Tonne, und an der gegenüberliegenden Wand gab es eine aus rohen Brettern gezimmerte Pritsche, die wir beide besonders scharf anvisierten.

Sofort wurden die Pferde abgesattelt und angebunden. Eines fand Platz in dem kleinen Corral, den wir notdürftig reparierten. Die Satteldecken legten wir fein säuberlich gefaltet auf die Pritsche und breiteten darüber die Schlafsäcke aus. Ein Himmelbett hätte nicht verlockender aussehen können.

Nach der üblichen Camproutine wäre nun das Abendbrot an der Reihe gewesen, aber außer Tee gab es nichts mehr, was wir hätten kochen können. So saßen wir draußen an die Türpfosten unserer komfortablen Unterkunft gelehnt und füllten unsere leeren Mägen mit dem faden, heißen Gesöff.

Voller Besorgnis, später vor Hunger nicht mehr einschlafen zu können, rekelten wir uns bald genußvoll auf dem Luxuslager.

Nachdem der Kerzenstummel ausgeblasen war, huschte mehrmals etwas Leichtfüßiges über die Schlafsäcke. „Ein Bär kann es dem Gewicht nach nicht sein!" ulkte ich zu Ed hinüber. Aus seinen regelmäßigen, ziemlich geräuschvollen Atemzügen schloß ich, daß er mich nicht mehr gehört hatte.

Die Jagdmesser und die geladenen Waffen lagen, wie in jeder Nacht, griffbereit in unserer Nähe. Nicht einmal in dieser festen Hütte hatten wir von der Gewohnheit gelassen, die uns schon in Fleisch und Blut übergegangen war.

Ein Bär würde diese Nacht wohl kaum noch durchs Dach fallen und an der Tür rütteln.

Am Nachmittag trafen wir auf den heutigen Highway 27, die Verbindung zwischen Bella Coola und Anahim Lake. Da wir den Pferden die sechs Kilometer über die Autostraße nicht zumuten wollten, beendeten wir hier unsere Reise in die Vergangenheit, sattelten die Tiere ab und banden sie an, bis Ed mit dem Lastwagen kam, um sie zur „Home ranch" zu transportieren.

Wir hatten unser Ziel erreicht, fühlten uns jedoch nicht als Helden. Hätte uns nicht vier Tage lang die alte Telegraphenleitung als unumstößlicher Beweis menschlicher Gegenwart begleitet, wir würden Hobsons Buch glatt als erfundenen, verrückten Abenteuerroman abgetan haben.

Die wahren Helden hatten einige Jahrzehnte vor uns gelebt.

Der McKusky Creek

Es begann an einem heiteren Tag Ende Oktober 1982. Die europäischen Jagdgäste weilten bereits wieder in ihrer Heimat, hatten sicher schon die zahlreichen Filmrollen aus den Fotolabors zurückerhalten und Familien und Jagdfreunde mit den von Kameras festgehaltenen Erlebnissen überfallen.

In den letzten Monaten des Jahres genoß ich das alljährlich wiederkehrende Vergnügen, auf alles nur erdenkliche Wild waidwerken zu können. Ich war rundum zufrieden, summierten sich doch wieder viele neue Eindrücke und Erlebnisse und nicht zuletzt gute Trophäen zu einem ansehnlichen Lohn aus der etwa zwölf Wochen dauernden herbstlichen Jagdsaison.

Eines hatte ich darüber jedoch vollkommen vergessen, nämlich meine eigene recht voluminöse und an nimmersatte Fleischesser gewöhnte Tiefkühltruhe zu füllen. Ein Elch würde dafür gerade die richtige Größe haben.

Geeignete Jagdpartner zu finden, bedarf es hier keiner großen Anstrengung. Unser inzwischen längst zum „Adoptivsohn"

52

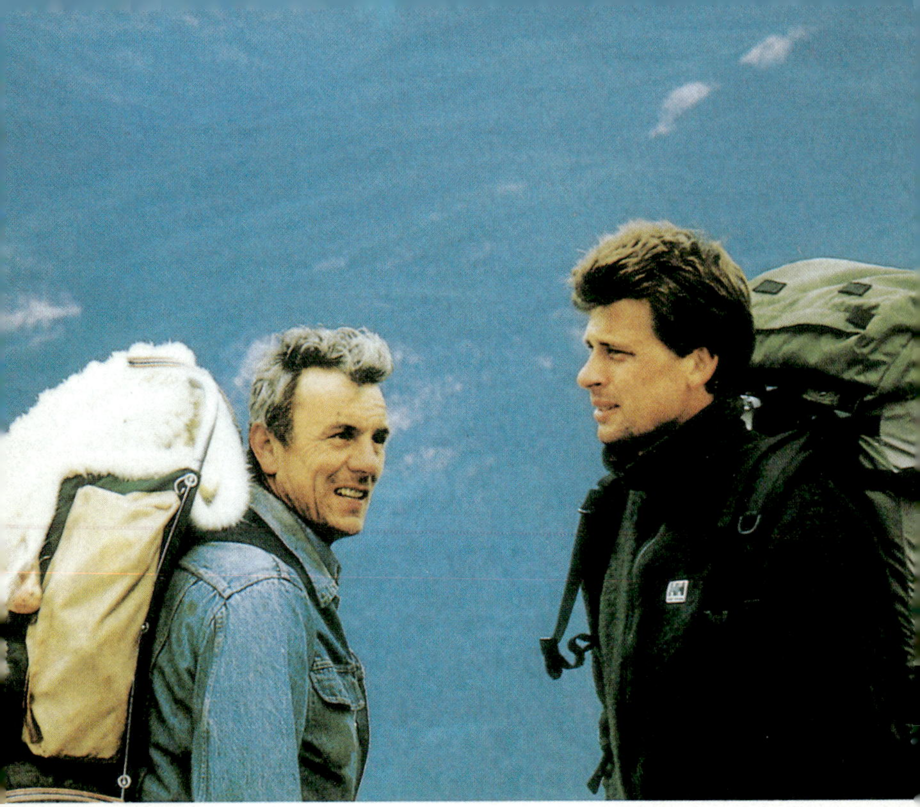
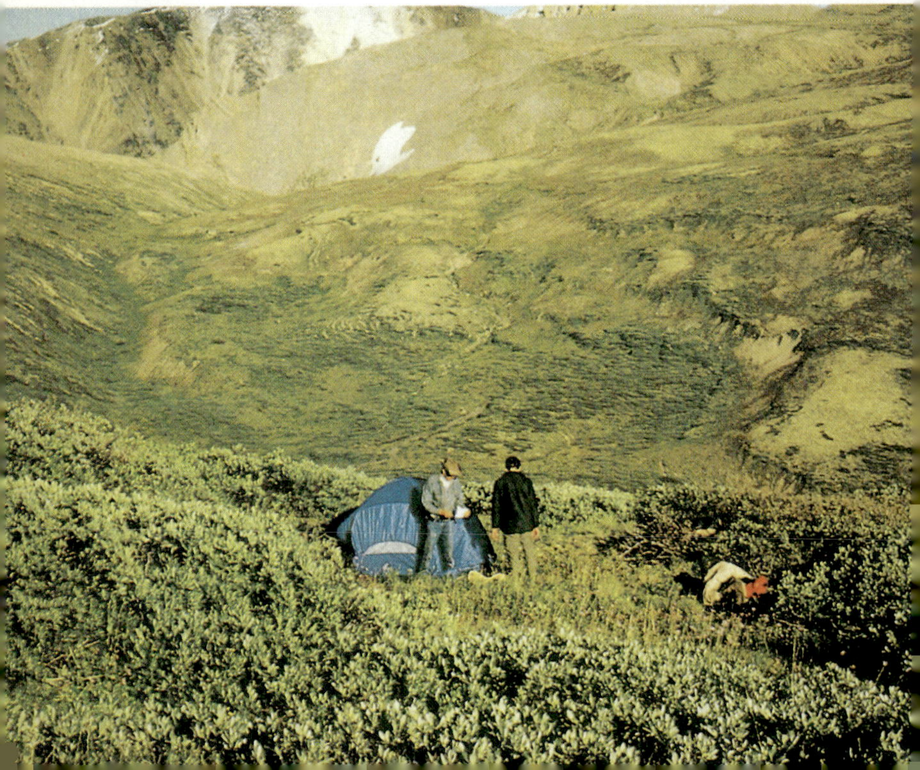

ernannter Freund Thomas aus München weilte gerade zu Besuch, den Dritten im Bunde gab Carl ab, ein junger Zahnarzt aus unserer Gemeinde 100 Mile House.

Die Wälder am Rande des Wells-Gray-Wildnisparks an den südlichen Ausläufern der Caribou-Mountains sind schon von den ersten Frostnächten gezeichnet, und nur noch vereinzelte Farbtupfer erinnern an den prächtigen rot-goldenen Indianer-Sommer. Auch die strahlende Sonne des heutigen Tages kann nicht darüber hinwegtäuschen, daß die Natur zunehmend unwirtlicher wird. Es ist aber immer noch verhältnismäßig mild, ein idealer Tag also, um noch einmal in die Berge zur Elchjagd zu gehen.

Wir drei beschließen, zu meiner Blockhütte am Bosk Lake zu fahren, um von dort aus mit dem Kanu über den McKusky Creek in das Sumpfgebiet des Crooked Mountain vorzudringen. Dort vermuten wir Elche, weil ich sie bei meinen gelegentlichen Streifzügen von der Blockhütte aus mehr als einmal in diese Richtung flüchten sah.

Unsere beiden Geländewagen und das große Aluminium-Kanu sind schnell klargemacht, Waffen und Ausrüstung werden verstaut, und los geht die Fahrt.

Rund 100 Kilometer Schlaglöcher und Schotterpiste, deren enge Spur sich kurvenreich durch die Wildnis windet, trennen uns vom Ziel. Schon bald hat uns der Busch verschluckt. Nur die Scheinwerfer von Carls Pick-up leuchten matt aus der wirbelnden Staubfahne, die wir hinterlassen. Ab und zu blitzen Wasserflächen durch das Grauschwarz der endlosen Fichtenmauern links und rechts, die nur selten einen kurzen Blick auf die Berge freigeben. Das monotone Schlagen der Achsen und der Staub, der durch alle Ritzen dringt, lassen uns nach und nach verstummen. Auch Thomas, der neben mir sitzt, scheint darüber nachzudenken, was uns wohl erwarten mag.

Nach einer Stunde Fahrt haben wir endlich die Berge erreicht. Hinter einer der zahllosen engen Kurven taucht plötzlich dicht neben uns hinter einer schmalen Fichtenfassade der Bosk Lake auf. Groß, schwarz und einsam ruht er zwischen den Bergen, die ihre Schatten bis hinüber auf das Ufer werfen, wo man meine

Jedes Gramm zählt bei der Gebirgsjagd doppelt, deshalb muß die Ausrüstung auf das Notwendigste beschränkt bleiben.
Oben links: der Verfasser.

Blockhütte zwischen dem üppigen Grün nur ahnen kann. Hier wollen wir später übernachten. Bis dahin gehört der See allein den Eistauchern, die weit draußen auf der Jagd sind.

Noch zwanzig Minuten, und wir haben es geschafft. Am Fuße des Crooked Mountain, dort wo sich das Wasser der umliegenden Berge in dem spiegelglatten See sammelt, wollen wir das Kanu zu Wasser lassen und den McKusky hinabfahren, der uns weit in ein unwegsames Sumpftal tragen soll, in dem wir die Elche zu finden hoffen.

Alle Versuche, in diesem Gelände zu Fuß vorwärtszukommen, waren immer wieder gescheitert, was meine Neugier und meinen Ehrgeiz reizte, es auf dem McKusky zu versuchen. Allerdings hatte ich über diesen Streckenabschnitt noch keine Berichte gehört und auch keine vernünftigen Karten aufzutreiben vermocht. Zwar hatte ich mehrmals dieses Gebiet überflogen, dem Fluß und seinem Verlauf jedoch aus mir heute unerklärlichen Gründen nie besondere Aufmerksamkeit geschenkt.

Über unseren Startplatz hatten wir uns schnell geeinigt und das zweite Fahrzeug an der etwa zwölf Kilometer weiter flußabwärts gelegenen Brücke abgestellt. „Kleine Fische", dachte ich im stillen, konnte ich doch Carl und Thomas urwüchsiges, wildes Gelände schon im Bereich meiner Hütte zeigen, sozusagen im Hinterhof.

Als erfahrener Wildnisjäger hatte ich große und auch riskante Unternehmungen hinter mir und sah nicht das geringste Problem in dieser kleinen Tagestour. Trotzdem war in meinen Parkataschen alles verstaut, um für Notfälle gerüstet zu sein: Wasserfeste Streichhölzer, die mehrere Quadratmeter große Silberfolie, die man im Notfall auslegt, um vom Flugzeug aus gesehen zu werden, eine eiserne Notration aus Rosinen, Nüssen und Schokolade. Auch wenn mir der kleine Spaziergang hinters Haus ziemlich bedeutungslos vorkam, schuldete ich den mir indirekt anvertrauten Gefährten angemessene Sorgfalt.

Es war wirklich alles ganz einfach. Wir wollten am Nachmittag geruhsam mit dem Kanu den Fluß hinuntergleiten, unseren Elch erlegen und zerwirken und noch vor dem Dunkelwerden Carls Allrad erreichen, um die wenigen Kilometer zur Blockhütte zu fahren, wo wir die Nacht zu verbringen gedachten. Viel zu erkunden, vorzubereiten oder zu planen gab es für diesen kleinen Ausflug beim besten Willen nicht, zumal wir alle drei keine Greenhorns waren.

Als wir endlich das Kanu, in dem sicherheitshalber noch ein kleiner Bootsmotor mit Reservetank verstaut ist, zu Wasser lassen, ist es früher Nachmittag. Thomas und ich steuern, während Carl mit gespannter Aufmerksamkeit die Flußufer beobachtet. Ein frischer Wind ist aufgekommen und drängt die Wolken dichter zusammen, aber das Wetter hält sich. Durchgerüttelt von der staubigen Anfahrt, genießen wir nun die wohltuende Ruhe und Reinheit der Wildnis.

Die Wälder an den Berghängen erscheinen tief dunkel, zerborstene, modrig-faulige Baumstämme säumen die Ufer, und das hohe Gras ist schon herbstlich fahl gefärbt. Dahinter bildet mannshohes Gestrüpp den Übergang in die Tiefe des Busches.

Lautlos bewegt sich das Kanu über das glasklare Wasser, von dessen Grund bernsteinfarbene Steine heraufschimmern. Stumm genießen wir die wilde Einsamkeit, und nur das Eintauchen der Stechpaddel unterbricht die Stille. Von Zeit zu Zeit kündigen sich Kiesbänke schon von weitem durch die Veränderung der Wasseroberfläche an. Wir müssen aussteigen und das Kanu mit der Ausrüstung darüber hinweggleiten lassen.

Unablässig halten wir die Ufer im Auge. Bewegt sich da nicht ein Zweig? Der dunkle Schatten, halb verdeckt im Sumpfgras, ist das ein Tier? Doch die Natur narrt uns immer wieder mit Baumstümpfen, Felsbrocken und Wurzeln.

Hinter einer Biegung taucht plötzlich ein regelrechtes Bollwerk aus umgestürzten Bäumen auf. Wüst ineinander verkeilt versperren sie die ganze Breite des Flusses, zum Teil liegen sie unter Wasser, an anderen Stellen ragen sie steil in den Himmel, ein beunruhigender Anblick dieser „logjam" (Staudamm). Schnell, viel zu schnell schießt das Kanu auf die Barrikade zu, aber die Strömung trägt uns glücklicherweise wie auf einem gläsernen Kissen haarscharf über einen mächtigen Stamm, den man nur noch als schwarzen Schatten unter dem Kanu hinweghuschen sieht.

Wir haben einige Minuten Ruhe, aber immer rasanter wird die Fahrt, die Strömung immer reißender und das Flußbett zunehmend enger, bis auf einmal die Ufer weit auseinanderweichen und wir auf eine ruhige Wasserfläche gelangen. Der McKusky wird hier wieder von einem mächtigen „logjam" gestaut. Was die Natur da zusammengetragen hat, ist unglaublich: Meterhoch ragt das tote, zersplitterte Holzgewirr aus den Fluten, die Spalten von Zweigen und angeschwemmten Pflanzen verstopft. Dieses Hindernis ist unpassierbar.

Wir sind gezwungen anzulegen und schleppen Stück für Stück unsere Ausrüstung mühsam über Land, bahnen uns, die Waffen umgehängt, mit dem unhandlichen Kanu schwitzend einen Weg durch das dichte Ufergestrüpp, bis wir schließlich wieder an offenes Wasser gelangen und die Fahrt fortsetzen können.

Unser beschauliches Staunen ist längst einer konzentrierten Spannung gewichen, denn immer zahlreicher werden die Stromschnellen und immer neue „logjam"-Fallen machen uns das Leben schwer. Aber genau das ist die Wildnis, wie wir sie lieben, und die Herausforderung steigert noch unser Hochgefühl.

Hier sind wir mitten im Elchgebiet. Fährten und frische Losung beweisen es, aber nirgends erscheint das ersehnte Haupt über dem Buschwerk, das hier auf einer unwegsamen, federnden Mischung aus Gras und Schlamm wächst.

Die Stunden sind wie im Fluge vergangen, und unmerklich ist die Dämmerung hereingebrochen. Hinter jeder Biegung erwarten wir jetzt, auf die Brücke zu stoßen, an der Carls Allrad deponiert ist. Stattdessen führt uns der Fluß tiefer und tiefer in das Tal hinein und damit immer weiter weg von den Bergen, an deren Fuß die Piste entlangführt.

Wir erwägen anzulegen, auf einer der Kiesbänke ein Feuer anzuzünden und die Fahrt morgen fortzusetzen, entschließen uns dann aber doch weiterzufahren, denn weit kann es nach unserer Überzeugung bis zum Wagen nun wirklich nicht mehr sein.

Und dann, in einem einzigen Augenblick der Unaufmerksamkeit passiert es: Ein scharfer Schatten wischt über den Bug des Kanus. Etwas zerrt, zu plötzlich, um noch auszuweichen, an meinem Arm, Schreckensrufe ersticken in Poltern und Gurgeln, und in

Sekundenschnelle sind wir unter Wasser, Das Kanu ist gekentert und sein Inhalt von den kalten Spätherbstfluten verschlungen worden. Ich finde mich zehn Meter weiter im tiefen Wasser wieder, kann ein paar vom Ufer überhängende Zweige fassen und brülle warnend zurück. Meine hüftlangen Anglerstiefel sind voll Wasser und hängen wie Bleigewichte an meinem Körper, so daß es mir unmöglich ist zu schwimmen. Da taucht Carl vor mir auf, packt mich und reißt mich aus der Gefahrenzone. Thomas steht bis zur Brust im eisigen Wasser und kämpft, um das querliegende Kanu zu halten. Er schreit etwas in unsere Richtung, was im Rauschen untergeht. Das Kanu reißt sich los und ihn mit. Ich kann die vorbeistreifende Leine gerade noch fassen und klammere mich mit aller Kraft daran fest, bis mir die Freunde zu Hilfe kommen.

Wegen meiner Stiefel bin ich so gut wie bewegungsunfähig. Carl und Thomas bergen mich wie einen nassen Sack aus dem Fluß und ziehen mir die Stiefel aus. Dann werfen wir das Kanu auf die Böschung. Triefend vor Nässe stehen wir mit keuchendem Atem im Ufergestrüpp und können alles noch nicht so recht fassen.

Was ist das? Vor uns flackert geisterhaft ein silbriger Lichtkegel vom Grund des Wassers ins Leere. Langsam geht mir auf, daß das nur unsere Taschenlampe sein kann. Mein Gott, wir brauchen sie, wir müssen sie einfach haben! So versuche ich festgebunden am Kanustrick nach ihr zu tauchen. Doch alle meine verzweifelten Versuche mißlingen. Es ist hoffnungslos, der gewaltigen Strömung bin ich nicht gewachsen. Sie läßt mich immer wieder wie ein Pfeil an der Lampe vorbeischießen, ohne daß ich sie zu fassen bekomme. Mit jedem vergeblichen Anlauf steigert sich mein Gefühl der Panik.

Es wird zunehmend dunkler, wir müssen zu einem Entschluß kommen. Zitternd vor Kälte, laufen wir kopflos am Ufer auf und ab und versuchen, uns in unserer Verwirrung gegenseitig mit völlig sinnlosen Vorschlägen Mut zu machen. Einer meint, wir müßten unbedingt den gleichen Weg zurück, der andere findet, wir sollten uns quer durch die Sümpfe und den Urwald schlagen, um irgenwie die Straße zu finden, der dritte sieht unsere Rettung allein darin, konsequent den Fluß zu verfolgen und weiterhin die Brücke zu suchen.

Die eingetretene Dunkelheit hat rasch jeden möglichen Beschluß überflüssig gemacht, denn bald wird uns klar, daß es überhaupt keine Möglichkeit gibt, zu Fuß hier herauszukommen.

Als diese Realität langsam in unser Bewußtsein dringt, beruhigen wir uns, und die Vernunft gewinnt wieder die Oberhand. Nach den Regeln der Wildnis soll man sich niemals weit von einer Unglücksstelle entfernen. Also müssen wir uns hier, wo wir sicherer sind, als irgenwo im unbekannten Sumpf oder Busch, für die Nacht einrichten, sei es nun mit oder ohne Taschenlampe.

Wir ziehen nüchtern Bilanz: Die Paddel haben wir verloren, Carls Büchse liegt irgendwo im Wasser und seine Stiefel sind auch weg, so daß er in Strümpfen im scharfen Ufergestrüpp steht. Wir besitzen jetzt nur noch eine Büchse und den Drilling, den Thomas, ohne es wahrzunehmen, immer noch verkrampft in der Hand hält.

Wie meine Waffe überhaupt ans Ufer gelangt ist, daran kann ich mich in der Aufregung nicht erinnern.

Als erstes brauchen wir ein Feuer.

Um unseren wiedergewonnenen Verstand ist es abermals geschehen, als wir entdecken, in welch fataler Lage wir uns befinden. Als ich bei der elenden Plackerei mit dem Kanu ins Schwitzen geraten war, hatte ich meinen Parka ausgezogen. Und in diesem vom Wasser verschluckten Parka sind die Streichhölzer. Ich atme tief durch. Jetzt bloß nicht durchdrehen! Ein einziger Fehler kann einer zuviel sein und uns das Leben kosten!

Wir sind Strapazen gewöhnt, aber ohne Feuer geht es hier nicht. Es ist fast November, der Fluß liegt über 1000 Meter hoch in den Bergen, und wir sind bis auf die Haut durchnäßt.

Eine kleine Sandbank bietet sich als Feuerplatz an. Während Thomas und ich fieberhaft nach trockenem Holz Ausschau halten, kramt Carl, der dritte Nichtraucher im Team, nervös in seinen klebrigen Taschen herum in der Hoffnung, wie durch ein Wunder ein Feuerzeug zu finden − natürlich vergeblich.

Das Schicksal ist uns weiter ungnädig gesonnen, denn, soweit wir ohne Taschenlampe feststellen können, besteht der Urwald hier nur aus bösartigen Dornenhecken, Weidengebüsch und riesigen, uralten Fichten, die in erreichbarer Höhe keinerlei Astwerk aufweisen.

Das Auge hat sich ein wenig an die Dunkelheit gewöhnt. Trotzdem stolpern wir fluchend in Wasserlöcher, Astwerk schlägt uns ins Gesicht, und die scharfen Stacheln hinterlassen ihre Spuren. Schließlich haben wir doch etwas Reisig und vor allem trockenes Baummoos beisammen.

Carl versucht als erster, mit seinem Jagdmesser und einem Stein Feuer zu schlagen. Hämmern, Schlagen, Reiben – nichts kann die vielen Funken dazu bringen, endlich das Moos zu entzünden. Rücksichtslos strapaziert Carl seine empfindlichen und teuren Zahnarzthände, bis sie voller Blasen und blutig sind.

In unserer Aufregung vergessen wir die einfachsten Regeln der Physik, daß nämlich ein kalter Funke schwerlich zur Abgabe von Feuer zu bewegen ist.

Thomas hat eine ausgezeichnete Idee: In unserem geretteten Außenbordmotor müßte noch ein wenig Benzin sein. Der Reservekanister ging mit unseren anderen Sachen baden. Aber die verzweifelten Schlagversuche bleiben weiterhin ohne Erfolg.

Wir sind am Ende! Carl schaut auf. Er sieht ohne Brille, die irgendwo auf dem Grund des Flusses liegt, so ganz anders aus. Er greift mit einer fast verlegenen Geste in die Tasche und fördert einige Büchsenpatronen zutage. Ein neuer Hoffnungsschimmer: Das Pulver!

Carl macht sich augenblicklich daran, daß Geschoß mit den Zähnen aus der Hülse zu ziehen, um an das rettende Pulver zu gelangen. Wir stehen erwartungsvoll und zähneklappernd daneben. Deutlich ist das „Klick" des sich lösenden Bleipfropfens zu hören, aber deutlicher und unmißverständlicher noch sein Fluch: „... mein Zahn ist abgebrochen!"

Während er noch in seinem Mund herumfingert, nimmt Thomas sich des Problems an und beißt auf dem Geschoß herum. Ein anderer Laut „Klack", und auch Thomas spuckt einen Zahn aus. Carl erklärt mit der sachlichsten Stimme der Welt, daß er morgen alles „fixen" werde. Trotz der von Carl nochmals betonten kostenlosen Zahnbehandlung wage ich keinen Versuch mehr.

Unterdessen hat Thomas einige Schrotpatronen aufgetrieben, von denen wir nun die endgültige Lösung der Feuerfrage erwarten. Die Bleikügelchen werden entfernt, und der Drilling

jagt in der Dunkelheit einen scharfen Feuerstrahl in das benzinge-
tränkte Moos: Dreck wirbelt uns um die Köpfe − das ist alles.

Wir sammeln neues Brennmaterial, quetschen die letzten Tropfen
Treibstoff, wahrscheinlich mehr Wasser als Benzin, aus dem
Motor und beginnen die Prozedur von vorn. Wieder nichts!

Wir wissen alle um die enorme Hitzewirkung eines Schusses, und
in unserer hektischen Stimmung ballern wir ohne Überlegung aus
allernächster Nähe in den Haufen. Das einzige Ergebnis: Die
Sandbank hat ein großes Loch!

Wir geben entmutigt auf. Die drei Schuß, die uns noch verblieben
sind, wollen wir − wozu genau, wissen wir eigentlich nicht − in
Reserve halten.

Uns bleibt keine andere Wahl, als ohne Lagerfeuer in dieser
erbarmungslosen Nässe und Kälte die Nacht zu überstehen. Wir
müssen, solange es eben geht, in Bewegung bleiben. Thomas, der
nichts verloren hat, gibt mir seinen nassen Pullover, der zwar nur
eine Illusion von Wärme vermittelt, aber immer noch besser als
gar nichts ist.

Plötzlich kommt er aufgeregt aus dem Unterholz gerannt. Er hat
einen geeigneten Platz für die Nacht gefunden. Die mächtige
Wurzel einer umgestürzten Fichte hat ein schützendes Loch in den
Waldboden gerissen, nicht gerade ein Himmelbett, aber für
unsere Bedürfnisse fast ideal.

Wir ziehen noch einmal los, tasten uns durch die Dunkelheit und
versuchen, Zweige aus den Büschen zu reißen und zu schneiden,
tragen Packen um Packen zusammen und halten uns mit dieser
Arbeit warm, bis wir unser Lager aufgeschichtet haben und das
Kanu darüberdecken können. Carl bemüht sich, von innen zu
orten, wo es noch Ritzen zu füllen gibt, aber es hat keinen Sinn,
denn der Himmel ist so schwarz wie die Zweige.

Erschöpft und zerschunden kriechen Thomas und ich und zuletzt
Carl in den winzigen Unterschlupf. Wir kauern uns dicht
aneinander, um möglichst wenig Körperwärme zu verlieren.
Unsere Waffen haben keinen Platz und bleiben draußen.

Damit beginnt eine Nacht, wie sie noch keiner von uns je erlebt
hat. Wir drei kennen den kanadischen Busch und haben schon
vorher improvisierte und nicht gerade gemütliche Nächte im

Freien verbacht. Doch diesmal beschleicht jeden von uns in den langen Stunden insgeheim die Angst. Was wird, wenn Scheefall einsetzt oder starker Frost ausbricht, wenn wir es mit einem neugierigen Grizzly aufnehmen müssen?

Keiner von uns läßt seine Befürchtungen laut werden. Im Gegenteil, unsere Misere bringt uns immer wieder zum Lachen. Wir kommen uns so idiotisch vor, daß wir uns hier wie die Koala-Bären umarmen, während keine zehn Meilen entfernt das gemütliche, warme Blockhaus auf uns wartet.

Doch unser Galgenhumor wird von Stunde zu Stunde dürftiger. Wir spüren mittlerweile jeden einzelnen Ast, auf dem wir liegen und werden immer häufiger von Muskelkrämpfen gepeinigt, können aber in der drangvollen Enge nur selten unsere Lage wechseln. Das Zittern läßt sich immer schwerer unterdrücken.

Die Zeit scheint stillzustehen. In immer kürzeren Abständen kündigt heftiges Rauschen im Unterholz nahende Windstöße an. Sie pressen unerbittlich die aufsteigende Feuchtigkeit des Sumpfes durch die undichten Stellen unseres Unterschlupfes. An Einschlafen ist nicht zu denken.

Bei mir, dem Nichtmediziner unseres Teams, schleicht sich eine zusätzliche Befürchtung ein, die Angst vor der Unterkühlung. Es ist in unseren Breiten hinreichend bekannt, daß dies ein sehr langsamer, unmerklicher und angenehmer Tod ist. Ich kann von diesem Gedanken nicht loskommen.

Einmal, tief in der Nacht, schrecke ich vom Brechen schwerer Äste hoch. Was ist das? Kommt es näher? Aber das Tosen des McKusky übertönt alle anderen Geräusche. Vielleicht ein Elch, der uns gewittert hat und nun flüchtet.

Meine Beine sind vom unbequemen Liegen eingeschlafen. Vorsichtig versuche ich mich ein wenig zurechtzurücken, aber der Erfolg ist gering. Meine eiskalten Füße spüre ich schon längst nicht mehr, dafür quält mich mein steifer, verkrampfter Nacken um so schlimmer. Ich bemühe mich immer wieder vergeblich, nicht weiter nachzudenken, einfach zu entspannen.

Nach einer Ewigkeit wird der Himmel im Osten ein wenig grau, und langsam beginnen sich die Konturen der Bäume schemenhaft abzuzeichnen. Aber wir müssen noch eine Weile in unserer

Zwangslage ausharren, bis es heller ist. Wir können nicht riskieren, unser Loch zu verlassen, bevor wir draußen richtig sehen können, denn als erstes brauchen wir eine Arbeit, die uns ein wenig aufwärmt.

Nach zwölf Stunden kriechen wir unbeholfen mit steifen Gliedern wieder ans Tageslicht und recken und strecken unsere gefühllosen Arme und Beine. Wir sind so glücklich, daß wir uns gegenseitig wie übermütige Buben warmboxen. Ein regelrechter Freudentaumel bricht aus, als wir zwanzig Meter flußab meinen Daunenparka entdecken, der sich wie ein Ballon im Gestrüpp des anderen Ufers bläht.

Carl und Thomas halten das Kanu am langen Seil, und ich lasse mich vorsichtig von der Strömung hinübertragen. Im Parka finde ich die Streichhölzer und ein Feuerzeug, das sogar noch funktioniert. Welchen unschätzbaren Wert so ein blödes kleines Ding doch haben kann.

Unsere Hochstimmung ist kaum noch zu bremsen, und dementsprechend üppig wird das prasselnde Lagerfeuer. Dampfend stehen wir in sicherem Abstand von der Glut und versuchen, so schnell wie möglich trocken zu werden, denn die Zeit drängt. Wir sind übermüdet und hungrig und müssen weiter, ehe unsere Kräfte noch mehr nachlassen.

Mit langen Stöcken halten wir das Kanu vorsichtig in der starken Strömung auf Kurs. Wir haben jetzt einen Mordsrespekt vor diesem Fluß. Aber das Glück, das uns gestern so schmählich im Stich gelassen hat, ist heute weiter auf unserer Seite. Nach dem Parka finden wir ein Stück weiter auch noch die angeschwemmten Paddel wieder und können nun viel weicher steuern.

Der McKusky wird immer breiter, und das tiefe Grün der Nadelbäume weicht zunehmend dem fahlen Gelb des Sumpfgrases. Im Hintergrund erheben sich trotz des bewölkten Himmels in klaren Konturen die Berge. Wir waren viel weiter in die Mitte des Sumpfes geraten, als wir vermutet hatten. Zu Fuß wären wir aus diesem Gefängnis nie herausgekommen.

Noch sind Kleider und Finger klamm und die Sinne etwas benommen vom überstandenen Schreck, als etwa 150 Meter vor uns ein junger Elchbulle am Flußrand auftaucht. Gerade das richtige für meine Tiefkühltruhe.

Wir steuern geschwind das Ufer an, Carl springt mit der Waffe hinaus, wirft sich hin und legt an.

Noch sichert das urige Wild regungslos zu uns herüber, doch gerade als der Schuß bricht, zieht es schnell auf den Waldrand zu. Dort verhofft es noch einmal, aber Carl kann nicht nachschießen, weil die Hülse nicht aus der nassen Kammer zu repetieren ist.

Es bleibt uns nur noch der Drilling. Den hat Thomas auch schon in der Hand, rennt damit durch den aufspritzenden Morast und verschwindet im Wald. Wenige Minuten später bricht ein Schuß! Nach einer Distanz von 200 Metern hatte Thomas den Bullen in etwa 30 Metern Entfernung über die Büsche äugen sehen und einen sicheren Schuß antragen können.

Es ist kein kapitales Stück, aber wir könnten heulen vor Freude, weil nach all dem Pech des gestrigen Tages heute auch noch das Jagdglück auf unserer Seite ist. Die gehobene Stimmung erleichtert uns die Arbeit, das schwere Tier aus der Decke zu schlagen und zu zerwirken.

Nach einer Stunde sind die besten Teile im Kanu verstaut, das nun so hoffnungslos überladen ist, daß es nur einige Finger breit über dem Wasser liegt. Nach jeder Stromschnelle muß einer von uns mit beiden Händen die kalte, rötliche Brühe ausschöpfen, damit wir nicht samt unserer Beute untergehen.

Unser Jagdausflug sollte noch lange nicht zu Ende sein: Immer größere Windbrüche versperren den Fluß, so daß wir jedes Stück unserer sicher 300 Kilogramm schweren Fracht dauernd aus- und einladen müssen. Die Reste von Carls Socken hängen nur noch als Dekoration um seine Knöchel. Wir sind alle drei total erschöpft und stolpern immer öfter über Wurzeln, Baumstümpfe und unsere eigenen Füße. Von Mal zu Mal brauchen wir mehr Zeit, um das vier Meter lange Kanu durch das mannshohe Weiden- gestrüpp zu heben, zu zerren und zu schieben.

Es ist drei Uhr am Nachmittag, als wir die Brücke und Carls Allrad endlich erreichen. Wir sind völlig am Ende und nicht einmal mehr in der Lage, unserer Freude und Erleichterung Ausdruck zu geben, stehen nur schweigend herum, kauen an einem Kanten Brot und fangen sofort wieder an, jämmerlich zu frieren.

Notgedrungen raffen wir uns ein letztes Mal auf und schleichen nach dem Verladen und einem kurzen Stop bei meinem Geländewagen die nun endlos erscheinende Holperpiste heimwärts.

Obwohl wir uns immer wieder gegenseitig am Steuer ablösen, landen wir mehrmals im Graben und sind geneigt, an einen Schutzengel zu glauben, als wir endlich doch noch heil zu Hause ankommen.

Für die feixenden Gesichter und die anzüglichen Bemerkungen, mit denen wir völlig verdreckten und verwildert aussehenden Heimkehrer empfangen werden, können wir beim besten Willen heute keinen Humor mehr aufbringen. Und zum Erzählen ist keiner von uns aufgelegt.

Nach einer heißen Dusche fallen wir wie tot in die Betten und schlafen bis weit in den nächsten Tag hinein. Krank ist glücklicherweise keiner von uns geworden.

So ganz nebenbei habe ich in dieser Nacht aufgrund des Wärme–Energie–Verlustes mein überflüssiges Bäuchlein verloren.

Wieder einmal hat sich die so oft in den Wind geschlagene Warnung erfahrener Jäger und Trapper bestätigt, die Gefahren der Wildnis nie zu unterschätzen. Der Busch kennt kein Pardon und kann die Nichtachtung seiner Gesetze tödlich strafen.

In jedem Jahr gibt es bei uns in British Columbia Verschollene, die sich leichtfertig auf ihr bißchen Pfadfinderwissen aus der Jugendzeit verlassen und ihren Leichtsinn und Wagemut mit dem Leben bezahlen müssen.

Jedenfalls hat die Elchjagd am McKusky Creek uns drei alte Buschhasen wieder auf den Teppich der Bescheidenheit zurückgeholt und neuen Respekt vor der Wildnis beigebracht.

Dieses Abenteuer wird eine unvergeßliche und mahnende Erinnerung bleiben, zu der aber auch unser Stolz gehört, es bestanden und dann am Ende noch Beute gemacht zu haben.

Die gleiche Tour unternehme ich noch heute mit großstadtmüden Europäern, die einmal völlig aus ihrem Alltag aussteigen wollen. Das einmalige, faszinierende Naturerlebnis der Wildnis ist nach wie vor unverändert geblieben. Nicht mehr wiederzuerkennen ist die peinliche Sorgfalt meiner Planung und Vorbereitung, sie hat sich verändert und zwar... erheblich!

Artic Grayling

Wegen der allgemeinen Weltwirtschaftskrise verlief das Jagdjahr 1983 ruhiger als gewöhnlich, und unsere Elche, Bären und Schneeziegen durften ihrem Wildnisalltag etwas vertrauter nachgehen, weil weniger grüngewandete Species des Homo sapiens schwerbewaffnet durch ihre Biotope schlichen.

Auch für mich, den Jagdorganisator des nordwestamerikanischen Raums, war das, so überraschend es klingen mag, eine erfreuliche Abwechslung, konnte ich mir doch endlich einmal ausreichend Zeit für meine eigenen Jagdaktivitäten gönnen, die sich von Jahr zu Jahr zwangsweise verringert hatten, je erfolgreicher und größer unsere Organisation geworden war.

So stellte ich kurz entschlossen über Radio-Phone, unseren drahtlosen Funkkontakt für die Stationen in der Wildnis, die Verbindung zu einem meiner besten Outfitter am Alaska-Highway zwischen Watson Lake und Whitehorse her.

67

Das ganzjährig im Jagdcamp lebende Ehepaar, Ed und Gloria, zeigte sich glücklich, mich einmal privat zu Gast zu haben, erlebte es mich doch sonst nur als unangemeldetes Kontrollorgan, was solchen freiheitsliebenden Individualisten nie so recht behagt. Sie sind doch gerade deshalb aus dem reglementierten, engen Alltag ausgebrochen, um ihr Leben frei von äußeren Zwängen gestalten zu können. Und was gibt es für einen passionierten Jäger schöneres, als seine Leidenschaft zum Beruf zu machen und mit Gleichgesinnten aus aller Welt zu genießen, was nur noch wenigen vergönnt ist, nämlich Großwild in ursprünglicher, noch völlig ungestörter Landschaft zu jagen.

Dieses Revier und Ed waren wie füreinander geschaffen. Es gab in dieser riesigen, unberührten Wildnis keine einzige Straße und außer Eds zwölf Jagdhütten nicht ein Haus. Hinzu kommt, daß dieses Gebiet, da nur mit Pferd oder Wasserflugzeug zu erreichen, für die einheimischen Jäger aus British Columbia zu abgelegen und damit uninteressant ist.

In dieser unendlichen Weite ist ein Jäger ohne Pferd fast hilflos, denn es werden täglich mindestens 30 Kilometer pirschend zurückgelegt, was ohne weiteres einem Indianer, aber wohl kaum einem europäischen Bäckermeister oder Buchhändler zuzumuten ist.

Auf dem Rücken eines Pferdes hat man außerdem den Vorteil, im mannshohen Erlen- und Weidengestrüpp nicht nur Äste und Blätter vor Augen zu haben, sondern das Gelände gut überblicken zu können. Und bei der Jagd auf die Schneeziege oder das begehrte Bergschaf in den baumlosen Höhen sind die langen Anmarschwege zu Fuß kaum zu überwinden.

Aber gerade darauf wollte ich bei meiner spontanen und unorganisierten Jagd verzichten, spielte doch bei mir, im Gegensatz zu meinen europäischen Jagdgästen, diesmal Zeit glücklicherweise keine Rolle, und als aktiver Sportsmann, der spielend fünfzehn Kilometer Dauerlauf ohne Verschnaufpause schaffte, konnten mich Gewaltmärsche nicht schrecken.

Eds verlockendes Angebot, mich zu begleiten, mußte ich mit Bedauern ablehnen, denn er wurde im Hauptcamp dringender gebraucht.

So wählte ich an Eds Stelle den 21jährigen Scott zum Führer. Der Bursche sah nicht nur verwildert aus, er war es in der Tat. Von zu Hause mit 16 Jahren durchgebrannt, verdingte er sich im Sommer als Cowboy und im Herbst als Jagdführer. Er hatte die letzten zwölf Monate im Youkon bei teilweise minus 40 Grad und darunter im Zelt gelebt.

Von den 150 Dollar Führerlohn, die er nur wenige Wochen im Jahr täglich verdiente, lebte er mit dem, was er auf dem Leibe trug, seinem Schlafsack und seiner alten Winchester .3−0 vollkommen zufrieden. Er stellte keine anderen Ansprüche an das Leben, als frei zu sein, nur unterbrochen von gelegentlichen Jobs, die er aber dann wie ein Professioneller ausübte.

Scott war, wie gesagt, ein „Wilder", ausgestattet mit allen Sinnen eines hervorragenden Jägers, zäh und ausdauernd, mit schneller Reaktion, scharfem Auge und Ohr und einem außergewöhnlichen Geruchssinn, der nur versagte, wenn es um seinen eigenen Geruch ging.

Er war in jeder Hinsicht für mich der richtige Mann, ein ganzer Kerl, an dem ich mich messen und ein Jäger, von dem ich sicher noch manches lernen konnte.

Unsere erste Begegnung verlief, wie in diesen Breiten üblich, ziemlich reserviert und wortkarg, fast unfreundlich. Sein kurzer, abschätzender Blick schien zu sagen: „Aha, wieder so ein als Cowboy verkleideter Möchtegern-Jäger aus der großen Stadt, der uns für Hinterwäldler hält und meint, für sein Geld alles kaufen zu können!"

Ich ließ ihn bei dem Glauben, wußte ich doch aus jahrelanger Erfahrung, daß er nur durch Leistung zu überzeugen war.

Nach Eds Plänen sollte ich zuerst einige Tage im Big Foot-Camp verbringen, um mir seine neue Jagdhütte anzusehen und mich ein wenig zu akklimatisieren.

Wir beluden das über Funk geordete Wasserflugzeug mit sechs Sack Hafer, Holz für zwei Tische, mehreren Pappkartons mit Lebensmitteln, ein paar Seiten Speck, Seilen und Hufeisen. Dazu kam unsere gesamte Ausrüstung, und oben drauf saßen wir mit gespreizten Beinen und hielten uns mit ausgestreckten Armen am Flugzeuggerippe fest.

Irgendwo zwischen den Hafersäcken vermutete ich meine Waffe, nur das Zielfernrohr hatte ich sicher im Seesack zwischen meinen Socken verstaut. Trotz der schweren Ladung bekamen wir die Nase mühelos in die Luft. Eine strahlende Stewardess, die Sicherheitsgurte prüfte oder diensteifrig nach unseren Wünschen fragte, war völlig überflüssig, denn wir bedienten uns bald selbst aus den griffbereit stehenden Kisten mit Äpfeln, Radieschen und Schokolade.

Wen störte es schon, daß eine Fensterscheibe mit Klebestreifen zusammengehalten wurde und unser Buschpilot, dem ich stolz offenbart hatte, auch Flieger zu sein, mich bat, alle sechs Minuten die Nothydraulik-Pumpe zu bedienen, da das Hydraulik-System irgendwo an Druck verliere.

Für den Laien: Dies ist eine unbedingt erforderliche technische Spielerei, um überhaupt starten und vor allem landen zu können. Schweigend nahm ich zur Kenntnis, daß nur die Hälfte der Armaturen voll funktionsfähig war. Der Pilot mußte meinen diskreten Seitenblick trotzdem bemerkt haben, denn er meinte trocken: „Well, was soll's, solange der Vogel noch fliegt, reicht das vollkommen!"

Im Geiste stellte ich mir als Jagdgast einen Piloten, vertraut und gewohnt an den neuesten Stand der Technik, vor. Sollte er jemals mein Passagier sein, gäbe es nur die Möglichkeit, ihn mit den Mengen der unten wartenden kapitalen Elche um den Verstand zu reden, denn Jagdleidenschaft soll schon so manches, sonst tadellos funktionierende Gehirn vorübergehend völlig vernebelt haben.

Selbstverständlich setzten wir nach 30 Minuten Flugzeit sicher auf dem Big-Foot-Lake, direkt vor dem Jagdcamp, auf.

„Big Foot" war natürlich auf keiner Landkarte außer der in Eds Büro verzeichnet. „Kleine Seen" von der Größe eines Chiem- oder Wörthersees sind auf den amtlichen Karten namenlos. Nur die Outfitter haben ihnen so phantasievolle Bezeichnungen wie „Moose Lake" oder „Bear Lake" gegeben. Würde man diese Seen landesweit erfassen und mit Nummern versehen, gäbe es sicher einen Elchsee 168 oder einen Bärensee 97.

Eds Stolz, die neue Jagdhütte, war nur eine primitive Holzbe-

Wasser überall: als Landebahn für das Flugzeug in der Nähe des Lagers (oben) oder als Hindernis, das durchwatet werden muß (unten).

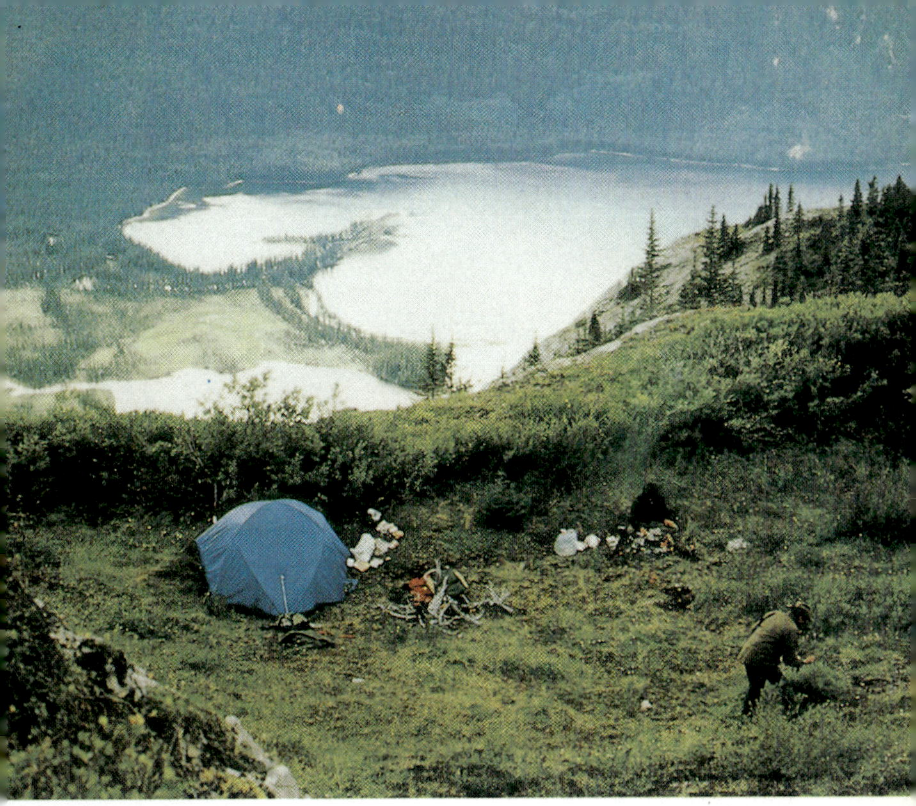

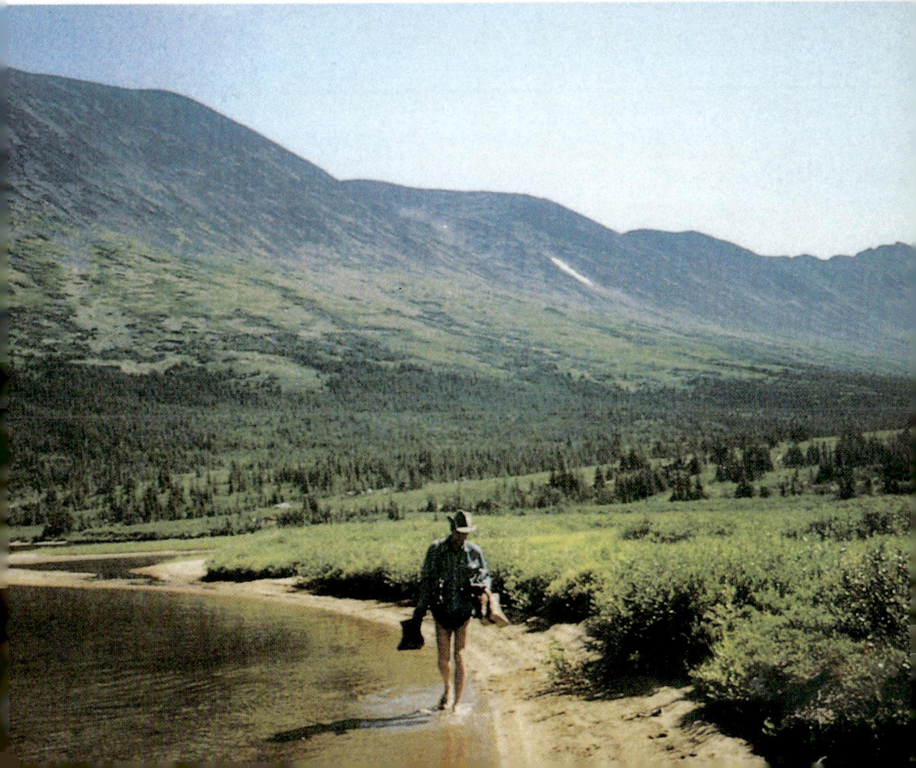

hausung, aber warm und trocken und damit völlig ausreichend für ihre Zwecke.

Die bereits anwesenden Schafjäger begrüßten uns erfreut, und es begannen sogleich die üblichen überschwenglichen Erzählungen über die starken Stone-Schaf-Schnecken. Meine Jagdinstinkte waren sofort hellwach, und ich ertappte mich dabei, wie ich noch während des Gesprächs verstohlen zu den umliegenden Berghängen hinüberschielte. Kaum war die Maschine entladen, saß ich schon aufgeregt hinter dem Spektiv.

Bis zu diesem Augenblick hatte ich noch keine bestimmten Vorstellungen hinsichtlich der Trophäe. Alles wäre mir recht gewesen, stand doch bei mir das Jagderlebnis immer an erster Stelle.

Beim Anblick dieser stolzen Widder in den Bergen fiel meine Entscheidung: Es mußte ein Schaf sein, möglichst ein reiferes als das letzte.

Meine Ungeduld war kaum noch zu zügeln. Ich konnte und wollte nicht mehr warten und gab Scott zu verstehen, daß die Jagd auf den Widder am nächsten Morgen losgehen sollte.

Da alle verfügbaren Pferde an die im Camp anwesenden Jäger vergeben waren, blieb uns nur das Pirschen. War da in Scotts Gesicht für Sekundenbruchteile ein kaum merkliches, amüsiertes Lächeln? Wahrscheinlich hatte ich mich geirrt. Oder doch nicht?

Ich erinnerte mich wieder an seine musternde Begrüßung und daran, wie er kurz nach meiner Ankunft Zeuge einer längeren Fachsimpelei zwischen Ed und mir gewesen war. Wahrscheinlich hatte er damals schon beschlossen, „es dem Fachmann einmal richtig zu zeigen", und plötzlich wußte ich, daß ich auf einiges würde gefaßt sein müssen.

Meine vage Vermutung wurde bald zu Gewißheit, als er während der kurzen strategischen Besprechung betont lässig, aber lauernd meinte: „Du wirst doch hoffentlich in der Lage sein, den ganzen Tag zu klettern? Wir müssen nämlich all die Kilometer abschneiden, die die anderen auf ihren Gäulen zurücklegen."

Trotz meiner stillen Ahnungen konnte ich dies bei meiner Kondition mit dem besten Gewissen bejahen. Mit einem lakonischen „Well" nickte er zum Aufbruch. Ziel unserer Tagestour waren die Plateaus über dem Camp, der Lebensraum der Caribous und Stone-Schafe.

Der vier Kilometer lange Anmarsch zum Fuß des Berges bot nichts Aufregendes außer einigen hoffnungsvollen Zeichen für die Anwesenheit von Wild, die meine Phantasie auf das Angenehmste belebten.

Der dann folgende steile Anstieg, bei dem Geröllhalden und dichtes Unterholz zu passieren waren, bereitete keine Mühe. Zugegeben, es war auch eine große Portion Ehrgeiz im Spiel, der mich beim Klettern und beim Brechen durch die Weidedickungen trieb. Gegenüber Scott wollte ich mir keine Blöße geben, nie und nimmer! So war der Beginn der Schafjagd ein Kampf mit meinem Selbstbewußtsein und meinem Stolz, die mich neben der Aussicht auf die 45 Zoll langen Schnecken anfeuerten.

Bei einer solchen Trophäe würde ich meine Frau hoffentlich noch einmal -- wie bei meinem Berglöwen − überreden können, ihr einen Ehrenplatz im Wohnzimmer einzuräumen, als Ausnahme sozusagen, denn es ist mir bisher nicht gelungen, unser Wohnzimmer zu einem Jagdmuseum umzufunktionieren.

Während der Schweiß in Strömen floß, malte ich mir immer wieder aus, wo das prächtige Gehörn zu Hause hängen würde.

Vorläufig waren wir noch immer dabei, die vielen Pferdekilometer abzukürzen. Wir arbeiteten uns mit Händen und Füßen in einer steilen Wand empor, sprangen von Steinbrocken zu Steinbrocken über die Halden und zogen uns mühevoll an Krüppelweiden und Fichten hoch. Es war eine einzige große Herausforderung, der ich mich verbissen stellte. Eine Pause schien mein Begleiter nicht eingeplant zu haben, und ich hätte mir eher die Zunge abgebissen, als davon anzufangen.

Mit geheimer Genugtuung stellte ich jedoch fest, daß auch er schon ganz schön schnaufte. Meine Beine waren zwar vom Joggen gestählt, aber offenbar nicht die Muskeln, die man zum Bergsteigen braucht. Trotzdem schaffte ich es mitzuhalten, denn eines hatte ich Scott voraus: Beim Springen von Stein zu Stein waren meine Läufe von Natur aus nun einmal länger.

Unter einem Felsvorsprung, wenige Meter unter dem Plateaurand, machten wir dann endlich Rast. Trotz pfeifender

Lungen und etwas wackeligen Knien war ich außerordentlich zufrieden mit mir. Während sich mein Atem wieder normalisierte und eine frische Brise die Feuchtigkeit aus den Kleidern blies, dachte ich nur noch daran, daß ich mich nun endlich in unmittelbarer Nähe der begehrtesten Jagdbeute Nordamerikas befand, dem Bergschaf.

Ist es der imposante Kopfschmuck des schweren Tieres oder die schwierige Bejagung des gewandten Kletterers, der uns mit der sechs- bis achtfachen Sehschärfe überlegen ist! Ich vermag es nicht zu ergründen, was diesen besonderen Reiz ausmacht.

Schafe kann man nur von oben angehen, da sie sich stets an den höheren Hängen aufhalten, so daß sie das Gelände unter sich sichern können und alle Richtungen für eine halsbrecherische Flucht offen haben. Eines haben sie allerdings nicht einkalkuliert, daß der menschliche Jäger willens und in der Lage ist, noch höher zu steigen, um sie unter Berücksichtigung des Windes von oben anzupirschen.

Das hört sich alles ziemlich einfach an, aber der Schafjäger hat da seine eigenen Erfahrungen:

Er verliert durch die extremen Strapazen in zwei Wochen mehrere Kilogramm an Gewicht, kennt Weitschüsse bis zu 300 Metern oder betrachtet gerade noch die Rückansicht des über die dritte Bergkuppe fliehendes Widders durch das Spektiv.

In den Jagdofferten darf deshalb der mitunter kleingedruckte Satz „nur für physisch Belastbare" nicht zu leicht genommen werden. Dies soll nun keinesfalls den reifen Jäger um das Vergnügen der Schafjagd bringen, sofern er noch über die erforderliche Kondition verfügt.

Aber nun zurück zu Scott und mir:

Wir luden unsere Waffen durch, um später unnötige Geräusche zu vermeiden, schoben unseren Windfang zentimeterweise über die Felsen zum Plateaurand vor und richteten uns vorsichtig auf, um die etwa drei Quadratkilometer große Fläche abzuleuchten. Nichts war zu sehen, rein gar nichts, nur die anderen Gipfel um uns herum schienen voller Schafe ... wie üblich!

In vier Stunden umrundeten wir in einem beschaulichen Pirschgang das gesamte Plateau. Beim Absuchen der vielen

Hänge unter uns entdeckten wir sechs Caribous, zwei Elche und in weiter Ferne einen Bären, ein Schaf bekamen wir jedoch nicht zu Gesicht. Mit dem obligatorischen „Well", einem Wort, das so ziemlich alles aussagen kann, machten wir uns unverrichteter Dinge an den Abstieg.

Die heißbegehrte Trophäe war mir heute versagt geblieben, dafür hatte ich Scott gewonnen, hatte vor ihm bestanden. Von diesem Tag an behandelte er mich als Partner, er redete mit mir und fragte sogar nach persönlichen Dingen. Dies ist bei den Leuten im Busch ein Zeichen, daß sie dem Fremden vertrauen, denn in ihrer Vorstellungswelt wären solche privaten Fragen sonst einem Verhör auf der Polizeistation gleichzusetzen. Hier nennt man sich nur beim Vornamen, weiß, wo man wohnt und welchen Allrad man fährt, mehr geht den Außenstehenden nichts an.

Es gibt keine Behörde, bei der man registriert ist, und das deutsche Wort „Meldeordnung" würde auf völliges Unverständnis und totale Ablehnung stoßen. Ist beim Kraftfahrzeug das Versicherungsjahr abgelaufen, kratzt man eine zwei mal sechs Zentimeter große Fläche auf dem verdreckten Nummernschild frei und bringt den neuen Jahresaufkleber an.

Der europäische Besucher beginnt bei uns zu ahnen, was das Wort „Freiheit" bedeutet.

Natürlich haben auch wir eine Polizei, die in der alten Literatur als Mounties bezeichneten „Rotröcke". Heute trägt sie ganz normale Uniformen, winkt freundlich, wenn ein Pritschenwagen überladen mit Kindern, Autoersatzteilen und Hausrat vorbeifährt. Und der Hüter des Gesetzes nimmt in seinem Streifenwagen selbst den Anhalter mit, der dort auf der Ladefläche keinen Platz mehr fand.

Es ist eine andere Welt, sie ist nicht besser, nicht schlechter, einfach anders.

So geht beispielsweise Scott in einem gelegentlichen Anfall von Kulturbedürfnis 35 Kilometer zu Fuß, nur um einmal bei seinen Nachbarn fernzusehen. Er schläft dort auf dem Sofa ein und läuft am nächsten Tag die ganze Strecke wieder zurück.

Zeit … was ist das?

Von unserer ergebnislosen Pirsch zurück, streckten wir in der gemütlichen Hütte die Beine aus und schmiedeten Pläne für den nächsten Tag, als wir vom blechernen Krächzen des Radio-Phone unterbrochen wurden. Gloria kündigte einen neuen Jäger an, der morgen zu uns herausgeflogen werden sollte.

Ich sah meine Chance gekommen, unter dem Vorwand, nicht stören zu wollen, von hier zu verschwinden. Das Flugzeug sollte Scott und mich zu Eds Außencamp an den etwa 70 Kilometer Luftlinie oder zwanzig Minuten Flug südlicher gelegenen Tahoot-See bringen, wo wir beide ganz allein jagen konnten.

Befriedigt über diese unerwartet günstige Wende schlief ich trotz der Erdbebengeräusche, die von den umstehenden Pritschen kamen, müde und glücklich ein. Welch eine herrliche Aussicht, unbegrenzte Zeit mit einem ortskundigen und erfahrenen Jagdpartner dort auf die Pirsch zu gehen.

Nicht nur die Schafe sollten in dieser Gegend vorzüglich sein; ich erinnerte mich, daß der Stuttgarter Arzt, der oft mein Gast war, dort einen kapitalen Elchschaufler erlegte, und auch Ed hatte davon gesprochen, daß man am Tahoot-See noch einen absoluten Weltrekord-Elch treffen könnte.

Das mehrmals jährlich auftretende Fieber, bei dem meine Frau immer behauptet, daß ich während dieser Anfälle zu rein gar nichts zu gebrauchen sei, hatte mich wieder einmal voll gepackt. Glücklicherweise befand ich mich hier am richtigen Ort und in passender Begleitung, um es gründlich zu kurieren.

Die Maschine, diesmal eine Chessna 185, mit Bauholz und irgendwo dazwischen dem Jäger an Bord, war eingetroffen und wurde umgehend entladen. Hastig packten Scott und ich ziemlich wahllos Eßbares in Kartons, rafften Zelt und Ausrüstung zusammen, und los ging es zum Ziel meiner Träume.

Während wir die Hochgebirgszüge überflogen, suchte ich von oben die Hänge verzweifelt nach Wild ab, bis mir die Augen tränten, und das, obwohl ich selbst meinen Gastjägern immer wieder zu erklären versuchte, daß es fast unmöglich sei, aus dieser Höhe und bei einer Geschwindigkeit von 150 Kilometern etwas auszumachen, vor allen Dingen nicht die grau-braun gefärbten Schafe. Von meiner eigenen Begeisterung und Vorfreude hingerissen, war all mein theoretisches Wissen zum Teufel.

Bei strahlendem Wetter landeten wir auf dem Tahoot See, in dessen kristallklarem Wasser sich die Wolkengebirge des Himmels spiegelten. Ich muß gestehen, daß ich an keinem Ort der Welt lieber hätte sein mögen.

Auch nicht der romantischste Südsee-Strand kann mir das Erlebnis der kanadischen Wildnis ersetzen. Zum Verdruß meiner sonnenbadenden Familie habe ich auf der Hawaii-Insel Maui, mit Sehnsucht im Herzen, mein erstes Buch geschrieben – natürlich über den kanadischen Busch.

Ein größeres Glücksgefühl, als mich in dieser ungezähmten Natur mit den wildreichsten Jagdgründen der nördlichen Hemisphäre bewegen zu dürfen, kann ich mir auch in meinen ausschweifendsten Phantasien nicht vorstellen.

Scott, bereits emsig bei der Arbeit, brummte, ich sollte, statt zu träumen, lieber die Zeltschnüre festhalten und holte mich damit wieder gewaltsam in die harte Welt des Lagerlebens zurück.

Der Blick vom Feuerplatz über den See auf die majestätischen Bergketten war so überwältigend, daß ich schon am ersten Tag einen ganzen Film mit Landschaftsaufnahmen verschoß.

In meiner Begeisterung watete ich in Unterhosen den weißen Sandstrand auf und ab, wo etwa 100 Meter weiter ein breiter Gebirgsbach in den See mündete. Ich entdeckte dort einige Fische von beachtlicher Größe und rannte mit der Neuigkeit ins Lager, daß es riesige Forellen gäbe, was Scott nur zu den zwei Worten „Artic Grayling!" veranlaßte, wobei er nicht einmal von seiner Beschäftigung aufschaute. „Nun ja, dann eben Artic Grayling!" knurrte ich zurück, wohl wissend, daß ich vom Fischen nun wirklich nicht viel verstand.

Der Ankunftstag verging damit, das Camp für längere Zeit herzurichten und Jagdvorbereitungen zu treffen.

Am nächsten Morgen krochen wir in unverschämter Herrgottsfrühe aus den warmen Schlafsäcken, schlüpften in unsere ausgekühlten Sachen und holten frisches Wasser aus dem See, nachdem wir das Eis aus den Behältern geschlagen hatten. Ein verheißungsvoller Morgenhimmel kündigte einen weiteren Schönwettertag an.

Während wir mit gesundem Appetit unser kräftiges, reichhaltiges

Frühstück verzehrten, beschlossen wir, das in etwa 800 Metern Höhe gelegene Plateau östlich unseres Lagers zu erkunden. Scott wußte zu berichten, daß man dort über viele Meilen gut pirschen könne, da die Hochfläche baumlos und sogar frei von Buschwerk sei, nur unterbrochen von kleinen Seen und Felsbrocken. Die vom Camp aus sichtbare Randzone war hingegen mit Nadelhölzern und über mannshohen Weiden- und Erlensträuchern bewachsen.

Von unserem Standplatz aus führten mehrere Pferdetrails in verschiedene Richtungen. Wenn Ed hier Pferde einsetzte, war es immer ein anstrengendes, mehrere Tage dauerndes Abenteuer, sie mit Cowboys durch die Wildnis hierher zu bringen. Es ging manches von der Ausrüstung zu Bruch, und mitunter blieb sogar ein Pferd auf der Strecke.

Wir bewegten uns auf dem östlich verlaufenden Trail unserem Ziel entgegen. Diese drei Kilometer wären normalerweise ein bequemer Morgenspaziergang gewesen, doch der Weg verlief sich schon bald in dichten, hüfthohen Krüppelerlen, so daß die Strapazen bereits anfingen, ehe der eigentliche Aufstieg begann.

Wir waren ausgeruht, bester Laune und vor allem begierig, so schnell wie möglich dort hinaufzugelangen, wo Schafe, Caribous, Elche und vielleicht sogar ein Grizzly auf uns warteten.

So walzten wir durch das Buschwerk dem Fuß des Berges entgegen.

Ich traute meinen Augen kaum, als ich die vielen frischen Trittsiegel und die Losung kapitaler Elche, Caribous und Schafe im dichten Unterholz der Hänge ausmachte. Die ausgefurchten Wildwechsel ließen uns nun gut vorankommen. Ich spürte, wie sich mein Pulsschlag vor Erregung beschleunigte. Hier waren wir zweifellos in Dianas Garten Eden und brauchten nur noch abzuernten. Vorerst wurde dies allerdings durch das unüberschaubare Gelände vereitelt. Da das freie Schußfeld nur zehn bis zwanzig Meter betrug, hatten wir hier keine Chance, zum Zug zu kommen. Doch mir reichte die Gewißheit, daß das Wild, wie die Zeichen bewiesen hatten, nicht weit entfernt stand, eine Gelegenheit würde sich später mit Sicherheit ergeben.

Auf den Elchwechseln erreichten wir bald den Rand des Plateaus.

Vor uns lag meilenweit eine tundraähnliche Landschaft, unterbrochen von verstreut liegenden Felsblöcken und Bächen, nur die Ränder gesäumt von höheren Baum- und Buschgruppen.

Auf der gegenüberliegenden Seite, etwa vier Kilometer entfernt, sah man die Ausläufer der Firnfelder, die beständig die vielen Wasserläufe versorgen. Verschnaufend ließen wir uns auf einem Felsbrocken nieder und begannen, das vor uns liegende Gelände abzuglasen.

Auch das bloße Auge ist fasziniert von der eigenartigen Schönheit dieser Landschaft, aber erst durch die Optik über der Nase beginnt sich die Welt des Jägers und Naturfreundes mit erkennbarem Leben zu füllen: Hier ein Murmel, dort ein Streifenhörnchen auf Nahrungssuche, ein Coyote, und am Himmel in weiten Kreisen der Adler.

Wie durch einen Magnet angezogen, ließ ich mein Glas in Richtung der Firnfelder streichen, die in dieser noch warmen Frühherbstzeit den Caribous als Kühl- und Ruheplätze dienen. Und tatsächlich sah ich eine kleine Caribou-Herde, die sich direkt in unsere Richtung bewegte. Einzelheiten ließen sich noch nicht ausmachen. Freudig erregt, wollte ich meine Entdeckung sogleich Scott mitteilen, war jedoch froh, noch nicht damit herausgeplatzt zu sein, denn er hatte sein Spektiv schon längst dorthin gerichtet und kommentierte sachlich: „Mehrere spielende Familien, aber ein guter Hirsch ist nicht dabei."

Mit ausgesprochenem Vergnügen sahen wir zu, wie die Caribous Fangen spielten. Der flüchtige Beobachter hätte bei dem heftigen Hin und Her eher den Eindruck einer in Panik geratenen Herde gewinnen können, aber wir waren Zaungäste eines fröhlichen und übermütigen Treibens.

Da ich einen Krampf im Arm bekam, wollte ich gerade mein Glas sinken lassen, als ich aus den Augenwinkeln, etwa 60 Schritt vor uns, eine Bewegung wahrnahm: Von rechts nach links zogen im Stechschritt zwei jüngere Caribous vorbei, die zu uns hinübersicherten. Vor uns verhofften sie, spielten mit den Lauschern und waren offensichtlich unschlüssig, was sie von uns halten sollten. Schließlich stolzierten sie weiter, vollzogen nach wenigen Minuten eine Kehrtwendung und wiederholten die Parade in die entgegengesetzte Richtung. Der Wind stand günstig für uns, so daß die beiden die für ihre Rasse oft fatale Neugier nicht befriedigen konnten. Urplötzlich drehten sie, wie vom Blitz getroffen, ab und suchten in voller Flucht das Weite.

Bei vielen ähnlichen Begegnungen mit Hochwild in von Menschen wenig berührten Gebieten habe ich immer wieder festgestellt, daß unser bloßer Anblick die Tiere kaum beunruhigt. Mit Elchen und Bären habe ich schon über wenige Meter hinweg geredet.

Wenn ich sie in Englisch auf ihre Dummheit und Unvorsichtigkeit hinwies, hörten sie nur ungläubig zu. Sobald ich aber ins Deutsch wechselte, gar die hart klingenden Worte wie „Schuß", „plötzlich" oder „weg" gebrauchte, legten sie die Lauscher an, und der Bär setzte seinen Oberkörper in die typische leicht schwingende Bewegung.

Beschämend deutlich reagiert das Wild dagegen auf unseren Wind: Es flieht voller Entsetzen, so schnell es vermag. Sogar der mächtige Grizzly sucht, sobald er unseren Geruch einfängt, schleunigst das Weite.

Ähnliche Erlebnisse wurden mir übrigens von Großwildjägern aus aller Welt berichtet.

Das Verschwinden der beiden Caribous brachte Scott und mich wieder zu unserer nordamerikanischen Suchjagd zurück. Wir waren nach wie vor tatendurstig und setzten mit raumgreifenden Schritten unsere Pirsch fort.

Viele Meilen legten wir zurück, umgingen den ganzen Bergrücken und konnten schließlich beide Flanken einsehen. In unvorstellbarer Einsamkeit, Stille und Weite offenbarte sich uns eine rauhe und zerklüftete Bergwelt.

Während wir den Fährten folgten, blieben wir oft überwältigt stehen, hingerissen von so viel urwüchsiger Schönheit. Erst als der Tag zu Ende ging, wurde uns bewußt, daß wir überhaupt nichts Jagdbares gesehen hatten. Trotzdem traten wir vollkommen befiedigt den Heimweg an. Schließlich hatten wir noch jede Menge Zeit.

Im Camp zurück, verspürte ich das dringende Bedürfnis, alle Viere von mir zu strecken, aber zuerst galt es noch das Lagerfeuer anzuzünden, Abendessen zu kochen und Geschirr zu waschen.

Danach aber waren die beiden Jäger erstaunlich rasch unter wohligem Grunzen und Stöhnen in ihren Schlafsäcken verschwunden. Es gelang mir nicht mehr, den Tag, wie es sonst meine Gewohnheit ist, noch einmal vor meinem geistigen Auge vorbeiziehen zu lassen. Gedanken und Bilder verschwammen, und nach wenigen Minuten war ich in einen traumlosen Schlaf versunken.

Weder spürte ich die knorrigen Tannenäste unter der Isoliermatte, noch hörte ich die Wellen des Sees ans Ufer klatschen oder das Heulen der Coyoten. Ich schlief fest und tief im Einklang mit mir und der Natur.

Immer wieder habe ich die Erfahrung gemacht, daß äußerste körperliche Herausforderung und deren Bewältigung in Verbindung mit der entsprechenden seelischen Einstimmung meine zurückgelassenen Alltagsprobleme wieder in die richtige Relation bringen und mir meistens die lächerliche Überbewertung all der Nichtigkeiten bewußt wird.

Spreche ich das einmal aus, bekomme ich meist vorschnell das Wort „Drogenersatz" zu hören.

Ich pflege dem nicht mehr zu widersprechen. Wie soll jemand, dem nicht die Gelegenheit solcher Herausforderung gegeben und das Erfolgserlebnis, sich bewährt zu haben, vergönnt ist, begreifen, was sich dabei im Inneren klärend und reinigend abspielt?

Der kommende Tag, der wieder mit Temperaturen unter dem Gefrierpunkt begann und uns dann ein prachtvolles Herbstwetter bescherte, brachte nichts Außergewöhnliches. Wir sahen ein Elchtier, einen halbwüchsigen Caribou-Bullen und in der Ferne einen Bären – zu weit weg, um ihn genauer ansprechen zu können. Systematisch durchstreiften wir die nähere Umgebung unseres Lagerplatzes, eine Idealmischung aus Hochgebirge, weiten Tälern, Sümpfen und dem bereits erwähnten Hochplateau. Alles in allem ein Gebiet von etwa zehn mal fünfzehn Kilometern. Das mag nicht allzu beeindruckend klingen, wer sich aber einmal die weglose und abweisende nordische Wildnis zu Fuß erobert hat, weiß, welch schweißtreibende Leistung man nach jedem bewältigten Kilometer vollbracht hat.

Inzwischen war ich in ausgezeichneter körperlicher Verfassung; Scott hatte mich voll akzeptiert, und diese Beförderung tat meinem Ego ausgesprochen wohl.

Nach dem vierten gemeinsam verbrachten Tag waren wir so gut aufeinander eingespielt, daß wir die wuchtige Bergkette im Osten in Angriff nehmen konnten, einem ungeheuer wilden und rauhen Gebirgszug von etwa acht Kilometern Länge mit schroffen Steilhängen und tief eingeschnittenen Schluchten, überragt von den mächtigen Zinnen zweier zweitausend Meter hoher Gipfel.

Um vier Uhr in der Frühe hatten wir unser ausgiebiges warmes Frühstück schon verzehrt und marschierten los, so daß wir bereits gegen acht den Aufstieg an der Südseite beginnen konnten. Trotz der in zunehmender Höhe immer dünner werdenden Luft, die das Atmen erheblich erschwert, und obwohl die Hochgebirgswildnis jedem menschlichen Eindringling beachtliche Anstrengungen abverlangt, kamen wir zügig voran.

Typisch für dieses Terrain sind die zahllosen übereinandergelagerten Felsterrassen, die den Jäger in einer Art Dauerspannung halten, weil schon auf dem jeweils nächsten dieser schmalen Plateaus das ersehnte Wild warten kann. Auf jeder Station legten wir eine kleine Pause ein, um die unter uns liegende, weit offene Landschaft zu genießen und dabei wieder zu Atem zu kommen.

Unermüdlich emporstrebend, hatten wir mittlerweile eine Höhe von 1.800 Metern erreicht, und ich visierte während unserer kurzen Rast gerade den nächsten höheren Felsabsatz an, als mir der Atem stockte: Gut 40 Meter über uns stand weiß, massig und regungslos wie ein Denkmal der Patriarch der Berge: Billy! Und ich schaute dem Bergziegenbock geradewegs in die Lichter. Er war sich offenbar nicht sicher, ob er flüchten oder bleiben sollte, zumal Scott und ich bei seinem Anblick wie hypnotisiert verharrten.

Die Sache stand vorzüglich für uns, sie hatte nur einen entscheidenden Haken: Bei der allergeringsten Bewegung würde das urige Wild wie ein Spuk hinter der Felsnase verschwunden sein. Man meinte, die Spannung knistern zu hören, als wir mit angehaltenem Atem in die Höhe starrten. Wir hofften, daß der Alte in uns keine Gefahr wittern und ruhig weiterziehen würde.

Nach einer Ewigkeit – so endlos jedenfalls empfanden wir die Zeitspanne, die gewiß nicht länger als wenige Minuten gedauert hatte – drehte der mindestens drei Zentner schwere, langhaarige Koloß ruhig ab und verschwand hinter dem Felsvorsprung.

In der gleichen Sekunde preschten Scott und ich vor, erklommen so lautlos wie möglich die Wand, bemüht, sogar das heftige Keuchen unseres Atems zu dämpfen, überprüften routinemäßig die Waffen und schoben in atemloser Erwartung, ihn zwischen den Geröllbrocken stehen zu sehen, im Zeitlupentempo Nasen und Gewehrläufe über die Kante.

Scott, gerade noch wenige Meter neben mir, sprang unvermittelt auf, fuchtelte wild mit den Armen und rannte weiter bergan. Ich war über seine Reaktion völlig verblüfft und begriff erst, als er, schon ein Stück vor mir im Felsen hängend, mit dem Kopf in die Höhe deutete: Ich sah, mindestens 60 Meter über uns, ein dickes, weißes Wollknäuel, das stetig und mühelos weiter aufwärts stieg und uns nicht einmal eines Blickes zurück würdigte.

Irgendwann, so weiß jeder erfahrene Schafjäger, verhofft das Stück, um nach unten zu sichern. Dann würde mein großer Augenblick kommen. Im Grund fand ich, daß alles nicht besser hätte sein können, denn dem Billy begegnen und ihn mühelos erlegen, das hätte mich später am heimischen Kamin um eine spannende Jagdgeschichte gebracht.

So stürmte ich, ohne eine Sekunde zu zögern, hinter Scott her. Mein Herz hämmerte wie wild gegen die Rippen, aber das Zauberwort „Billy" machte ungeahnte Kräfte frei.

Es verstand sich für mich von selbst, daß ich an einem der nächsten Felsvorsprünge zum Schuß kommen würde, denn das zwei Kilometer lange und 80 Meter breite Hochplateau lag noch gut 150 Meter über uns, und dort konnte der Bock trotz all seiner Kletterkünste unmöglich schon angekommen sein.

Weil man ein so rasantes Tempo in dieser dünnen Höhenluft auf die Dauer nicht durchhalten kann, aber auch aus vorsichtiger Berechnung gingen wir die nächste Felskante sachte an, um den Überraschungsmoment voll nutzen zu können. Es waren jetzt nur noch 100 Meter bis zum Gipfel. Hier war er mir sicher.

Da, ein kopfgroßer weißer Fleck, mein Herz setzte einen Schlag lang aus, ich atmete tief durch, griff zur Büchse: Endlich! Aber ein Schuß fiel nicht. Einer der verstreut umherliegenden weißen Marmorblöcke hatte meine überreizten Sinne genarrt.

„Nun, auch gut", sprach ich mit mir selbst, „wenn Du Deine prachtvolle Trophäe nur zum höchsten Einsatz hergeben willst, ist das Dein gutes Recht!" Und so bezwangen wir auch noch die letzten hundert Meter. Eine leichte Brise wehte uns entgegen, recht ungewöhnlich in diesen Höhenregionen, aber günstiger hätten Wind und Schußfeld überhaupt nicht sein können.

Scott und ich nickten uns in schweigendem Einverständnis und siegessicher zu. Nur noch wenige Minuten trennten uns von dem ehrlich und im Schweiße unseres Angesichts verdienten Lohn, von meinem Traum, der nun Wirklichkeit werden sollte.

Wir entsicherten die Waffen, robbten lautlos zentimeterweise vor, kamen behutsam aus der Deckung hoch, richteten uns zu voller Körpergröße auf, stiegen noch auf einen Felsbuckel, der gute Übersicht bot und starrten ungläubig geradeaus. Das gesamte Areal war eben wie eine Tischplatte und zu sehen war.... nichts! Nichts, außer zwei gescheiterten Jägern mit den dümmsten und längsten Gesichtern aller Zeiten. Es fiel kein einziges Wort, nur vier Augenbrauen und vier Schultern hoben und senkten sich.

Ganz gaben wir uns noch nicht geschlagen, denn ein Lebewesen dieser Größe konnte sich unmöglich einfach in Luft aufgelöst haben. Wir hatten immerhin den Vorteil, daß wir den höchsten Punkt erreicht hatten und der Bock sich nirgendwo anders als unmittelbar unter uns aufhalten konnte.

Stumm verständigten wir uns mit einer Daumenbewegung und setzten uns getrennt in entgegengesetzte Richtungen in Bewegung, um die Hänge unter uns systematisch zu inspizieren. Zwanzig Minuten später trafen wir uns mit hilflosem Achselzucken nach vergeblicher Suche wieder. Es kam uns vor, als hätten wir im Rausch der letzten Stunden einem Phantom nachgejagt.

In der Euphorie des Vormittags hatten wir uns rücksichtslos verausgabt, und plötzlich übermannte uns die totale physische und psychische Erschöpfung. Wir schafften es gerade noch, uns der Rucksäcke und Gewehre zu entledigen und ließen uns ausgepumpt der Länge nach zu Boden fallen, ohne auch nur mit einem einzigen Blick die einmalige, grenzenlose Fernsicht zu würdigen.

Gemächlich, aber zielstrebig zog unser Billy in der Zwischenzeit tief unten im Tal zum gegenüberliegenden Berg hinüber. Er erwies uns nicht einmal die Ehre zurückzusichern ... Zwischen uns und dem einsamen Wanderer lagen mehr als zwei Kilometer Abstieg, also in ausgeruhtem Zustand mindestens eineinhalb Stunden.

Der alte Gauner hatte uns einen raffinierten Streich gespielt. Als ihm klar wurde, daß er uns spätestens auf dem Plateau ausgeliefert sein würde, ließ er es so weit gar nicht erst kommen, sondern legte uns stattdessen herein. Noch während des Aufstiegs hatte er sich seitwärts in die Büsche geschlagen und war längst wieder auf dem Weg ins Tal zurück, während er uns weiter und weiter hinaufjagen ließ und wahrscheinlich noch ein fröhliches „Berg Heil" hinterherschickte.

Wir gaben uns Mühe, „sportsmanlike" zu verlieren. „God bless you, alter Knabe, umsonst bist Du nicht so alt geworden. Du hast es wahrlich verdient, Deine imposanten Kruken noch lange bergauf und bergab zu tragen, sicherlich auch zum Wohlgefallen der hiesigen Geißen." Uns hatte er sich in jeder Beziehung als überlegen erwiesen.

Wir sanken für etwa 30 Minuten in einen Schlaf, der eher einer tiefen Ohnmacht gleichkam. Wären wir in einem Wolkenbruch ertrunken oder hätte uns ein Grizzly davongeschleppt, wir hätten nichts davon mitbekommen.

Wenn es stimmt, was Wildbiologen behaupten, daß ein Tier in zwanzigminütigem Tiefschlaf voll regeneriert, so traf das auch auf uns zu.

Als wir wieder zu uns kamen, erwachte auch unser Unternehmungsgeist zu neuem Leben, und wir ließen unsere Blicke umherschweifen. Nördlich unseres Standplatzes lockte ein kurzer Bergrücken, der gute Schafhänge verhieß. Am Fuße seines Westhangs lag außerdem, günstig für den Heimweg am Abend, unser Camp. Die Entfernung war nach unserer Schätzung gut zu bewältigen, da wir nur etwa zur Hälfte wieder absteigen mußten und dann auf einem verbindenden Grat hinüberwechseln konnten. An den teils grünen Hängen wollten wir geruhsam pirschend den Tag beschließen.

Als wir die gleiche Strecke, die wir einige Stunden zuvor im Rekordtempo hinaufgehetzt waren, jetzt ohne Eile wieder herunterkraxelten, registrierten wir mit säuerlicher Miene eine Vielzahl von Ziegen- und Schafzeichen, die uns bei der Hektik des Anstiegs völlig entgangen waren. Alte und frische Losung bewies, daß hier ständig eine Menge Wild zu äsen pflegte; nur jetzt war natürlich kein Stück zu sehen ... Wie hätte es auch anders sein können!

Mit unserer niemals erlahmenden Zuversicht erwarteten wir nun das Paradies auf der nördlichen Kuppe, die wir zügig ansteuerten.

Der Abstieg vom „Billy Mountain", wie wir ihn heute getauft hatten, und der Weg über den Grat erwiesen sich kräftesparender als erwartet, und als wir erneut auf sichere Anzeichen von Stone-Schafen stießen, war die hinter uns liegende Enttäuschung endgültig überwunden.

Nun hieß es wieder, umsichtig zu pirschen, denn diese so heißbegehrten nordamerikanischen Trophäenträger sind uns Menschen nicht nur durch die vielfache Sehschärfe, sondern auch mit all ihren anderen Sinnen weit überlegen.

Da wir uns schlecht unterhalb der Erdoberfläche bewegen konnten, galt es, unseren einzigen Vorteil, den Verstand, zu nutzen, denn auf das überraschende Auftauchen eines Schafs aus einer der Mulden oder um eine Bergnase herum konnten wir uns kaum verlassen. So blieb als einzige Möglichkeit wieder nur das Angehen von oben.

Wir beschlossen, uns den Osthang entlang, dicht unterhalb des Grats, vorwärtszubewegen und von Zeit zu Zeit darüber hinweg die westliche Seite abzuglasen, über die wir dann am Abend zu unserem Lager abzusteigen gedachten.

Unser wohlüberlegter Plan kam uns sehr scharfsinnig vor, bis wir merkten, daß uns die örtlichen Verhältnisse einen Strich durch die Rechnung machten. Wir hatten diesen Bergrücken der Länge nach anvisiert und so die zahlreichen Schluchten nicht erkennen können. Es wurde deshalb kein gemütlicher Tagesausklang, sondern eine mühselige und zeitraubende „Berg- und Talfahrt".

Wir waren trotzdem zuversichtlich, denn die Möglichkeit, in diesen unübersichtlichen Schluchten Wild anzutreffen, war so gering nicht. Bei einem kleinen bißchen Glück konnte hier irgendwo der ersehnte Ram, ein Mitglied der fünf begehrtesten Wildschaf-Arten, stehen.

Will man eine Rangliste aufstellen, kommt unser Stone-Schaf mit dem Rocky Mountain Big-Horn-Schaf hinter dem mongolischen Ovisbruder und dem persischen an dritter Stelle, unmittelbar gefolgt von dem weißen Dall-Schaf und den anderen amerikanischen Vertretern.

Mir persönlich erscheint diese Reihenfolge etwas zu willkürlich. Zwar wirkt das eine Tier etwas eleganter, dafür ist das andere kapitaler und das dritte mächtiger in der Trophäe, aber vom äußeren Aspekt her und in der Schwierigkeit der Bejagung sind die drei nordamerikanischen Arten so verschieden nicht. Die asiatischen Vettern habe ich noch nicht kennengelernt und kann mir deshalb über sie kein Urteil erlauben.

Was man von der Theorie auch halten mag, ausnahmslos alle Schafjäger haben sich ihre Trophäe mit einem Höchstmaß an körperlichem Einsatz verdient, von den enormen Kosten gar nicht zu reden. Letztere kümmerten mich jedenfalls im Augenblick nicht, als ich von einem 45-Zoll-Widder tagträumend die grünen Hänge hinauf- und heruntertrabte.

Hoffentlich war er keine Legende und nur noch in den Jagdgeschichten am Leben! Ed jedenfalls hatte fest behauptet, daß es ihn gäbe. Auf meine Frage nach dem „Wo" hatte er allerdings nur vage in eine Himmelsrichtung gedeutet, was ungefähr mit einem Gebiet von mindestens 600 Quadratkilometern gleichzusetzen war.

Nur ein Phantast konnte es für möglich halten oder gar zu hoffen wagen, ihn gerade hier vor die Büchse zu bekommen. Aber wovon träumt der Mensch nicht alles, und was wäre er ohne seine Träume.

Allzu schnell war der Nachmittag vergangen, und etwas bestürzt rechneten wir aus, daß es in fünf Stunden dunkel sein würde.

Es blieb gerade noch genug Tageslicht, um über die geplante Route unser Lager vor Einbruch der Nacht zu erreichen. Die

Am Ziel jagdlicher Träume mit einem starken Caribou oder einem mächtigen Grizzly.

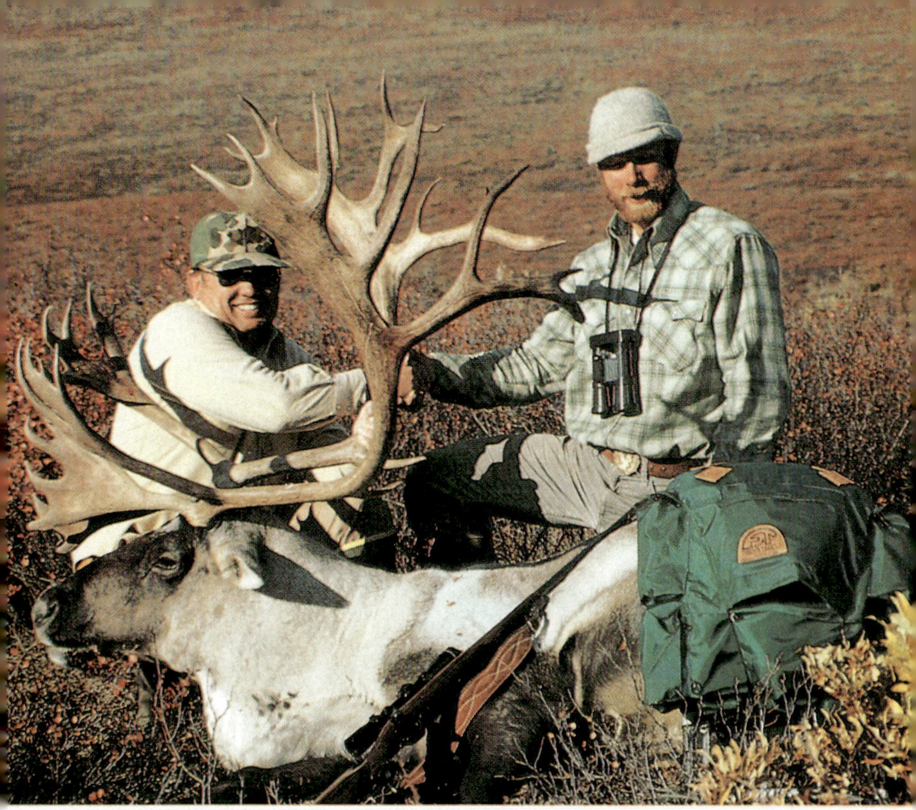

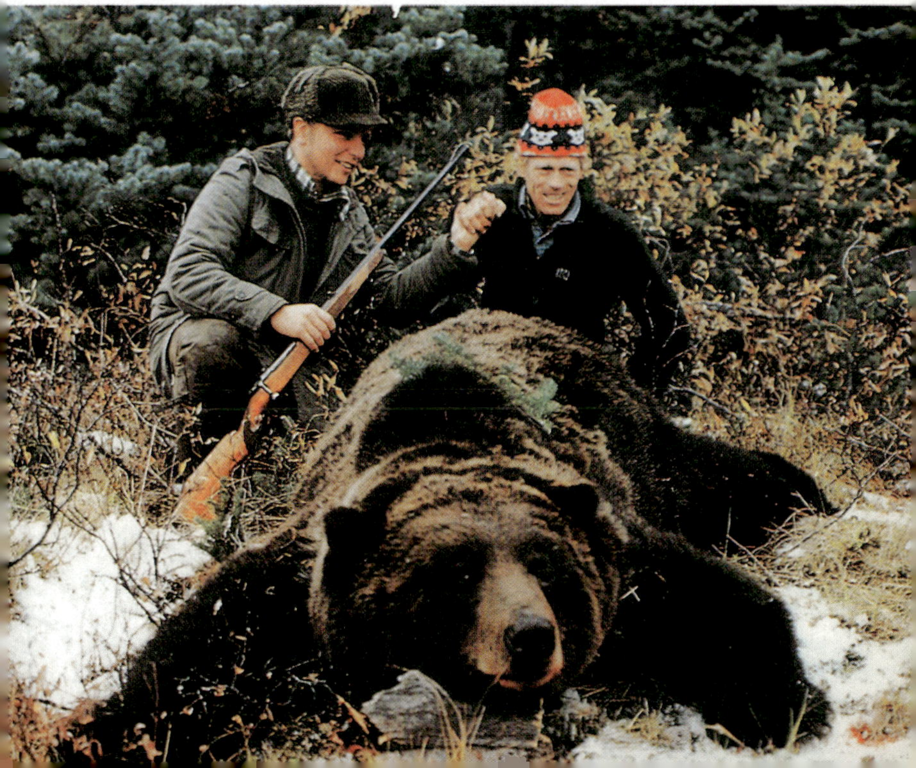

Hoffnung auf einen Widder reduzierte sich damit auf eine schwache Hoffnung.

Unser Mountain-Goat-Rennen war eine zeitraubende Angelegenheit gewesen, aber vor allem hatten wir diesen Bergrücken falch kalkuliert. Zu allem Überfluß scheiterte der geplante Abstieg auch noch an einer tiefen Schlucht, an der es kein Vorbeikommen gab.

Von der Leichtfüßigkeit, mit der wir den Tag begonnen hatten, war nicht mehr viel übrig, zumal unser Umweg noch einmal über einen Zweitausender führte. Wir hatten jetzt ganz erhebliche Schwierigkeiten mit der Luft, und auch der Berg zeigte sich von seiner unfreundlichsten Seite. Faustgroßes schwarzes Geröll machte sich permanent unter unserem Gewicht selbstständig, so daß wir wie auf einer Sanddüne drei Schritte vorwärts kammen, um dann mindestens einen wieder zurückzurutschen. Von dem Lärm, den wir dabei erzeugten, ganz abgesehen, war an Pirschen nicht mehr zu denken. Bei der Hasterei ging es nur noch darum vorwärtszukommen.

Schwitzend und außer Atem schließlich oben angekommen, flackerte ein letztes Mal ein Funken von Erregung auf, als wir vorsichtig über den Grat spähten. Möglich war ja schließlich alles!

Schroffe, schwarze Felsen, Spalten und Köpfe hatten mir trotz meines Hildesheimer Geologie-Semesters die Augen noch immer nicht geöffnet. Alles hätten wir erwartet, nur das nicht: Soweit das Auge reichte, erstreckte sich eine Geisterlandschaft. Der unüberwindbare Krater eines erloschenen Vulkans von zirka 1.400 Metern Durchmesser und 300 bis 400 Metern Tiefe mit Hängen, an denen man sich nur hätte abseilen könne, tat sich vor uns auf. Beim Blick in die düstere, einstmals feuerspeiende Unterwelt fühlte man sich in einen Gruselfilm versetzt.

Unter anderen Umständen hätte uns diese unerwartete Szenerie wahrscheinlich begeistert. Geschafft, wie wir an diesem Abend waren, blickten wir eher mit einem Gefühl des Grauens in den schwindelnden Abgrund. Aus der Traum von der rechtzeitigen Heimkehr, vorbei die Illusion, in allerletzter Minute vielleicht noch Jagdglück zu haben.

Ob wir es wahrhaben wollten oder nicht, wir hatten uns vergeblich

91

hier hinaufgewühlt. Es bestand nicht die geringste Chance, irgendwie weiterzukommen. Wohl oder übel mußten wir die elende Rutschbahn wieder zurück, um den Riesentrichter weiträumig zu umgehen. Dabei nahm nicht nur das Tageslicht rapide ab, auch unsere Kräfte waren kurz vor dem Ende.

Ich stierte noch immer ungläubig vor mich hin, als müßte es ein Erwachen aus diesem Alptraum geben, da sah ich etwas Helles zwischen der schwarzen Lava schimmern. Meinen Augen traute ich nicht mehr, deshalb griff ich zum Glas. War das wirklich ein großer, ausgebleichter Knochen, oder litt ich schon unter Halluzinationen? Scott, sonst immer eine Nasenlänge voraus, rührte sich nicht vom Fleck, sondern sah mich nur fragend und abwartend an.

Trotz unseres müden Fleisches war unser Geist immer noch neugierig genug, um hinüberzukriechen. Auf diesem gespenstischen Friedhof lag wahrhaftig der wuchtige Oberschenkelknochen eines Elches. Wir hielten ihn in den Händen, suchten die Umgebung nach weiteren Überresten ab und stellten Vermutungen an. Aber nur der Himmel wird wissen, wieso das Tier gerade in dieser vegetationslosen Höhe seine letzte Ruhe gefunden hat.

Ob sich ein krankes Stück bis hierher zum Sterben absonderte, ob ein Schneesturm es in die Irre trieb, die Antwort muß offen bleiben.

Tiefsinnige Betrachtungen konnten wir uns nicht länger leisten. Wir rutschten, sprangen und stolperten über die Lavamassen wieder zu Tal. Es war die Hölle, Das Zittern unserer Knie konnten wir nicht mehr unter Kontrolle bringen und gaben uns auch keine Mühe, es voreinander zu verbergen.

Den Geboten der Wildnis folgend, hätten wir uns spätestens jetzt für die Nacht einrichten sollen, denn das Umherirren im dunklen Busch ist bekanntlich gefahrvoll und kann unter Umständen tödlich sein.

Aber ausnahmsweise begleitete ich keine Jagdgäste, für die Verantwortung zu tragen war, und Scott und ich, zwar fix und fertig, wollten um keinen Preis so kurz vor dem Ziel aufgeben und uns erst recht nicht an die Empfehlungen für „Greenhorns" halten.

Ein Verirren war von diesem Punkt außerdem ausgeschlossen denn stetiges Bergab konnte uns nirgendwo anders als zum See führen. So marschierten wir verbissen weiter. Beim Erreichen der

Baumgrenze rutschte die Sonne endgültig hinter den Bergriesen, und nachdem wir in die Waldzone eingetaucht waren, wurde es im Handumdrehen finster.

Äste peitschten uns durchs Gesicht, wir stürzten, landeten in Sumpflöchern und kamen tastend und fluchend wieder auf die Beine. Wenigstens waren wir bei dem Morast unserer Sache sicher, denn hinter dem Lager breitete sich, wie wir bei unseren Streifzügen in den Tagen zuvor entdeckt hatten, ein 300 Meter breiter Sumpfgürtel aus, den wir nun offenbar erreicht hatten. Der nun auch aus der Ferne vernehmbare Wellenschlag des Sees gab uns die Kraft für die letzten 200 Meter. Um genau 23 Uhr standen wir vor unserem Zelt.

Obwohl wir tagsüber unseren Proviant verzehrt hatten, waren wir hungrig wie die Wölfe. So schnell hatte ich noch nie ein Feuer in Gang gebracht und Scott schlug irgendetwas, Hauptsache es war viel, in die Pfanne, während ich den Teetopf über die Glut hängte.

Im flackernden Feuerschein glich Scott's Gesicht verdächtig dem eines alten Indianers. Sogar die blutroten Streifen und Punkte der Kriegsbemalung sahen echt aus.

Plaudereien am Lagerfeuer fielen aus. Wir verschlangen gierig das Essen, vollzogen wie Marionetten rasch und wortlos die noch unbedingt erforderlichen Handgriffe und waren hinüber, ehe wir den Schlafsack richtig gerochen hatten.

Als ich das erste Mal, wie ich meinte, während der Nacht, erwachte, war es im Zelt auffallend warm und hell. Die Sonne stand hoch am Himmel, es war Mittag. Wir fühlten uns immer noch wie gerädert und blieben, ganz gegen unsere übliche Gewohnheit, träge liegen, starrten gegen das Zeltdach und hingen unseren Gedanken nach, bis der Hunger uns hinaustrieb.

Darüber, daß heute Pause war, brauchten wir nicht erst abzustimmen, Ruhetag im Busch heißt aber nicht, wie im Wildwestfilm, Pennen, Saufen und Kartenspielen, sondern Holzhacken, Ausrüstung reparieren und Ordnung schaffen. Den Nachmittag über hielt uns das ganz schön auf Trab.

Als sich dann der Appetit wieder meldete, erinnerten wir uns des mitgebrachten Angelzeugs. Es bestand aus einer Rolle Schnur und ein paar Haken. Angelruten gab es genug, man brauchte sie nur abzuschneiden und zu entlauben. Obwohl Angeln nicht zu meinen ausgesprochenen Leidenschaften gehört, holte jeder auch ohne „Petri Heil" mühelos einen strammen, zappelnden Zweipfünder aus dem Bach.

Endlich saßen wir einmal ruhig und entspannt am abendlichen Feuer und grillten unseren Fang, während wir über dieses und jenes schwätzten und später über uns die Sterne aufgehen sahen.

Die folgenden Tage vergingen in ruhigem Gleichmaß, aber wir waren schließlich nicht ausgezogen, um jeden Tag ein Abenteuer zu bestehen. Allein der Aufenthalt in der unerschöpfichen Fülle der Wildnis ist für jeden, der das Empfinden für die Natur noch nicht vollständig verloren hat, Erlebnis genug. Wir freuten uns ganz einfach unseres Hierseins, folgten den Fährten von Elchen, Schafen, Caribous und gelegentlich einem Bären und waren zufrieden und glücklich, auch wenn dabei das erträumte Kapitalwild uns nicht über den Weg lief.

Doch Jäger bleibt Jäger. Am siebten Tag gelüstete uns wieder nach handfesteren Taten. Den höchsten Gipfel hatten wir uns noch aufgespart. Dorthin waren wir jetzt, ausgeruht und voller Erwartung, unterwegs.

Meine Gedanken kreisten um die Trophäe, das Wetter war wieder einmal ideal, und das Gelände hätte günstiger gar nicht sein können, trotzdem war heute irgendetwas anders als sonst. Auch Scott, den ich mehrmals verstohlen von der Seite anschaute, schien nachdenklicher und stiller als üblich. Bei einer kurzen Rast kamen wir gleichzeitig auf die Ursache: Trotz mannigfacher Spuren hatten wir den ganzen Vormittag nicht ein einziges Stück Wild zu Gesicht bekommen. Während wir nicht darüber rätselten, fiel uns auf, daß der Himmel sich im Osten pechschwarz färbte. Eine gewaltige Schlechtwetterfront schien im Anzug. Da sie noch weit schien, beschlossen wir, daß letzte Stück bis zum Gipfel noch zu nehmen.

Dort hockten wir uns hin und packten unseren Proviant aus, von dem uns vor Entsetzen der erste Bissen fast im Halse stecken blieb: Es waren keine Regenwolken, die den Himmel verdunkelten. Vor dem Horizont wälzte sich ein überdimensionaler Rauchpilz, ein Waldbrand! „Könnte bei Fort St. Jones sein,"

meinte Scott, um nach einem Augenblick der Erkenntnis hinzu-
zufügen: „That's why, Heinz!" – Das ist der Grund –. Wir zogen
die Luft prüfend durch die Nase, konnten aber keinen
Brandgeruch feststellen. Doch das wollte nichts heißen, denn die
Wahrnehmungen des Wildes sind viel schärfer und ausgeprägter
als die des Menschen. Es wittert sogar auf diese Entfernung die
drohende Gefahr und hat sich schon in alle Himmelsrichtungen
verzogen, ehe der Mensch die Ursache gewahr wird. Das völlige
Fehlen des Wildes während unseres Aufstiegs bedurfte nun keiner
weiteren Erklärung.

Der Ort der Katastrophe war so weit entfernt, daß für uns am
Tahoot-See keinerlei Gefahr bestand. Nur waren aus uns beiden
Großwildjägern ab heute Touristen geworden. Ließ man einmal
einen ganz unwahrscheinlichen Zufall außer Betracht, konnte es
als sicher angesehen werden, daß wir während unseres restlichen
Aufenthaltes nichts Lebendiges mehr vor die Büchse bekommen
würden.

Später erfuhren wir, daß dem gewaltigen Flächenbrand eine
Menge Wald zum Opfer gefallen war; über den Verlust an Wild
gab es keine Zahlen. Erwähnenswert in diesem Zusammenhang
ist, daß die Caribous, im Gegensatz zu allen anderen Tieren, alte
Brandflächen auf Jahre hinaus, manchmal sogar für Jahrzehnte
meiden.

Als leidenschaftlicher Naturfreund war ich über den Verlauf
unserer bisherigen Abenteuer nicht unfroh, doch diesmal war ich
vor allem als Jäger gekommen und konnte meine Enttäuschung
nicht so ohne weiteres verwinden.

Mit dem Piloten war vereinbart worden, daß er uns nach zehn
Tagen abholen sollte, was im kanadischen Norden immer ein
unausgesprochenes „Weather permitting" - Wenn das Wetter es
erlaubt – einschließt.

Nachdem wir voller Verzweiflung unseren gesamten Tages-
proviant aufgegessen hatten, machten wir uns, ein wenig
resigniert und bedeutend lustloser als gewöhnlich, an den langen
Abstieg, der so ereignislos blieb, wie es nicht anders zu erwarten
gewesen war. Das „gewisse Etwas" war wie weggeblasen. Wir
waren nur noch zwei Wanderer im Gebirge.

Wir lagen am Morgen länger in den Betten und aßen tagsüber aus Langeweile mehr, als unser Hunger verlangte. Daß Scotts Gerichte immer undefinierbarer wurden, war mir noch nicht aufgefallen, bis ich durch Zufall beobachtete, wie er mit ungewohnter Nervosität unsere Proviantecke bis auf den letzten Winkel durchstöberte.

In unserem Vorratslager sah es nie besonders ordentlich aus, aber bei dieser Wühlaktion flogen Dosen, Kartons und Plastikbeutel kreuz und quer durcheinander, und aus dem Schlachtfeld druckste Scott mit ganz dünner Stimme: „Heinz, weißt Du, ich dachte... — da war doch noch — also, um es kurz zu machen, wir haben nichts mehr zu beißen."

Normalerweise wäre das hier überhaupt kein Problem gewesen, aber es ist eine verbürgte Tatsache, daß schon ganze Indianerstämme beim Ausbleiben des Wildes verhungert sind.

Tragisch nahmen wir die Sache trotzdem nicht. Lächerliche zwei oder drei Tage würde uns die Natur auch ohne Jagdbeute ernähren. Zuerst machten wir Bestandsaufnahme: Ein Rest Salz, zwei daumengroße Würfel Speck, sechs Teebeutel und vier Eßlöffel Trockenmilch, das war es auch dann schon.

Wir hatten dem Piloten bedeutet, er möge uns lieber später als zu früh abholen, mieden aber beide das Thema, was wohl würde, wenn er vielleicht erst in fünf oder sechs Tagen käme. Den Gedanken energisch beiseite schiebend, bewaffnete ich mich mit dem Angelzeug und trabte die 100 Meter zum Bach. Als ich vom steilen Ufer aus seine Schätze betrachtete, war die Sorge um unsere Ernährung für mich aus der Welt.

Im Gegensatz zu meinen Jugenderfahrungen mit schreckhaften Forellen, ließen sich diese Fische nicht irritieren. Ich hielt ihnen den Köder einfach so lange vor die Nase, bis sie verärgert oder aus Langeweile zuschnappten. Auf diese unsportliche Art fing ich drei stattliche Exemplare, und wir machten uns, obwohl wir noch nicht besonders hungrig waren, sofort an die Zubereitung.

Dem passionierten Angler mag das Wasser im Mund zusammenlaufen, aber morgens, mittags und abends Artic Grayling war für uns zuviel des Guten. Nach der fünften oder sechsten Mahlzeit konnten wir nicht mehr unterscheiden, was stärker war, unser

Hunger oder der Ekel vor dem Fischgestank! Das Salz ging zu Ende und die beiden Zipfel Speck zum Einfetten der Pfannen gaben auch nichts mehr her.

Diese Zeit verging mit Schlaf. Daß das Küchenzeremoniell immer länger dauerte, konnte nur ein Uneingeweihter für Kochkunst oder Leidenschaft halten. In Wirklichkeit überboten wir uns in dummen Sprüchen und dem theoretischen Erfinden immer neuer delikater Fischrezepte mit den raffiniertesten Beilagen nur, um den Beginn der Mahlzeit so lange wie möglich hinauszuzögern.

Drei Variationsmöglichkeiten waren uns immerhin noch geblieben: Artic Grayling salzlos gekocht, fettlos gebraten oder trocken gegrillt. Es kam der Punkt, an dem wir im wahrsten Sinne des Wortes die Nase von Fisch gestrichen voll hatten. Jagdgesetze hin, Jagdgesetze her, wir überzeugten uns gegenseitig wortreich, daß hier ein Notstand vorliege, griffen nach den Donnerbüchsen und marschierten zum Bach — natürlich nicht zum Fischen.

Am Vortag hatten wir einen Biber schlagen hören, auf den hatten wir es abgesehen. Geduldig harrten wir Stunde um Stunde aus, Der Himmel bezog sich, ein Gewitter war im Anzug. Das Gewitter entlud sich nicht, obwohl es für diese Jahreszeit viel zu warm war, und der Biber kam auch nicht. Der Magen verlangte ganz resolut sein Recht, denn die letzte Mahlzeit hatten wir in Erwartung des Bibers schon ausfallen lassen.

Meine Geduld war am Ende, und ich begab mich, nachdem wir beschlossen hatten, getrennt auf Abendbrotsuche zu gehen, höher ins Tal, wo ich vor einigen Tagen eine Caribou-Kuh mit ihrem noch zarten Kalb beobachtet hatte.

Den ganzen Weg dorthin focht ich mit meinem inneren Schweinehund. Moral, Hunger und Legalität lieferten sich einen erbitterten Kampf. Bisher hatte ich mich immer strengster jagdlicher Verantwortung verpflichtet gefühlt. Der Abschuß eines nicht freigegebenen Stückes ist strafbar und zusätzlich verliert man auch noch die Lizenz. Die einzige Ausnahme bildete ein echter Überlebensnotstand, und den versuchte ich vor meinem Gewissen krampfhaft zu konstruieren.

Kilometer um Kilometer durchstreifte ich die Niederungen, aber ich durfte ein ehrbarer Waidmann bleiben — ich fand nichts.

Schon aus der Ferne sah ich Scott eifrig am Feuer hantieren, und als er allzu fröhlich rief: „Rate mal, was ich Feines zum Abendessen habe?" wußte ich die Antwort im voraus: A r t i c G r a y l i n g! Mindestens eine Stunde stocherten wir auf unseren Tellern herum, und Gesundheitsfanatiker wären begeistert gewesen, wie wir jeden Bissen mindestens zwanzigmal kauten.

Nachdem wir am nächsten Morgen unser Frühstück hinuntergewürgt hatten und Scott über dem weiteren Speiseplan des Tages brütete, fühlte ich mich bemüßigt, auch etwas beizutragen und schlug Artic Grayling in Blaubeertunke vor. Mit der Miene eines Opferlamms machte ich mich zu den zwei Kilometer entfernten Hängen, an denen die Büsche üppig wucherten, auf den Weg, schwer bewaffnet, versteht sich!

Bei meiner Rückkehr hatte Scott den Hauptgang schon fertig, es fehlte nur noch die Fruchtsoße. Meine schwarze Zunge verriet, daß ich den spärlichen Ertrag meiner nicht gerade eifrigen Arbeit bereits durch Verzehr vor dem Verderben gerettet hatte.

Da bei uns Gespräche und Gedanken nur noch ums Essen kreisten, besannen wir uns auf die Methode der Naturvölker, die das Fleisch in Blätter gewickelt am Feuer zu garen pflegen.

Begeistert über unseren Einfallsreichtum zogen wir sofort los, um wenig später mit dummen Gesichtern zwischen Kiefern, Fichten und schmalblättrigen Weidenbüschen zu stehen. Aber so schnell gaben wir unseren Küchentraum nicht auf und fanden schließlich am Rande unseres Baches Pflanzen mit riesigen Blättern, die wie Rhabarber aussahen.

Diesmal war unser Eifer bei der Fischzubereitung echt. Als es verheißungsvoll über der Glut brutzelte und sich kleine Dampfwölkchen in den klaren Herbsthimmel ringelten, konnten wir es, wie zwei Kinder vor der Bescherung, kaum noch erwarten.

In einem Anflug höflicher Bescheidenheit ließ ich Scott beim Kosten den Vortritt. Seinem Pokerface war jedoch nichts Besonderes zu entnehmen. Um nicht in den Verdacht der Feigheit zu geraten, pulte ich ebenfalls das Fleich aus der Hülle und biß betont herzhaft zu.

Wie Scott es so lange ausgehalten hatte, ist mir schleierhaft: Kaum hatte ich probiert, spuckten wir gleichzeitig im hohen Bogen das gallbittere Zeug ins Feuer und schüttelten uns noch bei dem ekelhaften Nachgeschmack, der sich selbst mit Mengen von Tee nicht wegspülen ließ. Verglichen mit unserer neuen Erfindung war normaler Fischgeschmack so übel nun auch wieder nicht. Unsere Ration war jedenfalls restlos verdorben, und wir mußten erst einmal zum Bach, um Ersatz zu besorgen. Bei dem schier unerschöpflichen Vorrat im Bach, der uns an die himmlische Brot-vermehrung erinnerte, spielten wir, um die Zeit totzuschlagen, die Gründung einer Artic-Grayling-Export-Company durch.

Der zehnte Tag war angebrochen und jeder schaute, wenn er sich unbeobachtet glaubte, sehnsüchtig in die Wolken Richtung Norden. Nicht, daß wir versessen darauf gewesen wären, unbedingt nach Hause zu kommen. Mit einem Steak von der Größe eines Klosettdeckels, umgeben von einem Berg Frischgemüse, dazu reichlich Pfeffer und Salz, hätten wir es hier gut und gerne noch eine Zeitlang ausgehalten.

Der Tag erschien durch das heimliche Warten endlos. Die einzige Abwechslung bot eine Schar Gänse, die über unser Camp hinweg-rauschte. Mit einem Weitschuß von 300 Metern versuchte ich ver-geblich, einen Braten vom Himmel zu holen. Scott behauptete steif und fest, der große Ganter wäre noch einmal umgekehrt, hätte unsere Fischreste betrachtet und den Kopf geschüttelt, ehe er endgültig abgedreht sei.

Der Tag verstrich, und die Maschine war nicht gekommen. Als wir später als üblich in unsere Schlafsäcke stiegen, vermieden wir beide geflissentlich das Thema, obwohl wir noch lange wach lagen und unsere Gedanken sicherlich die gleichen Wege gingen.

Ein neuer Morgen tauchte die Berge in fahles Licht. Heute rechneten wir fest damit, abgeholt zu werden, das heißt, wir hofften es. Die Seesäcke waren gepackt, nur das Zelt mußte noch abgebrochen und der Schlafsack eingerollt werden. Vom Lager wagten wir uns nicht mehr weit weg, erst recht nicht gemeinsam, in der Furcht, der Pilot könne annehmen, wir seien noch auf der Jagd, und würde ohne uns wieder abfliegen.

An den Fisch begannen wir uns erstaunlicherweise zu gewöhnen. Es fehlte nicht mehr viel, und wir hätten ihn gar gemocht. Der Biber ließ sich nicht mehr hören, geschweige denn blicken.

Die Stunden schleppten sich endlos dahin. Als wir melancholisch im abendlichen Fischdunst hockten, redeten wir leiser als gewöhnlich, schmatzten nicht einmal mehr beim Essen und verzichteten sogar auf unsere sarkastischen Witze, mit denen wir sonst das Salz in der Suppe zu ersezten pflegten.

Plötzlich flog der Wasserkessel aufspritzend durch die Gegend, Scott ließ Teller und Gabel aus der Hand fallen und stürzte zum See. Jetzt meinte auch ich, ein leises Brummen aus der Ferne zu vernehmen. Da kam er auch schon wieder zurückgerannt, schmetterte dabei ein wildes „Jippiiiii!" in den Busch und verwandelte unsere beiden Artic Grayling, die schon für das Frühstück im Baum hingen, in fliegende Fische, indem er sie schwungvoll in die Erlenbüsche beförderte.

Wir warteten beide, von einem Fuß auf den anderen tretend, am Ufer, als die Chessna nach einem weiten Bogen wasserte und fragten den Piloten nach einem kurzen „Hallo" so nebenbei und unverfänglich wie möglich, ob er nicht zufällig etwas Süßes an Bord hätte.

Er grinste so eigenartig und erkundigte sich nicht einmal nach der Jagd. Außer der Höflichkeitsfloskel: „Have you had a good time?" – Ob wir eine angenehme Zeit gehabt hätten – schwieg er sich aus. Ob er als erfahrener Buschpilot aus Gesichtern lesen konnte? Erst als wir in der Luft waren, erzählte er von dem verheerenden Waldbrand im Osten und den Jägern, die in unmittelbarer Nähe weilten und ausgeflogen werden mußten.

Jetzt saßen sie auf den Airports von Fort St. Jones und Watson Lake und warteten auf den Heimflug. Ich verspürte ein leichtes Schuldgefühl, als ich an meine eigene Enttäuschung dachte. Jene Männer waren von weit her gekommen, hatten ihren Urlaub und viel Geld geopfert und flogen nun mit Katastrophenfotos statt mit einer Trophäe und schönen Erinnerungen nach Europa zurück.

Die Liebe zur Jagd wird manchmal auf eine harte Zerreißprobe gestellt. Witterungsbedingungen, Wildverhalten oder gar Katastrophen sind nicht kalkulierbar, aber glücklicherweise selten.

Solche Ausnahmen sollten alle Jäger, die noch nicht von den Auspuffgasen der Autokolonnen, dem Lärm der großen Städte und der Hetzjagd im Beruf vollends aufgefressen wurden, nicht daran

100

hindern, die weite Reise zu unternehmen, um wenigsten einige Wochen im Jahr wirkliche Lebensqualität kennenzulernen. Man wird im Alltag noch lange davon zehren, und der Anblick der Beute an der Wand hält die einmaligen Erinnerungen für alle Zeiten lebendig.

Wo immer man den Urlaub in luxuriösen Hotels verbracht hat, wie oft man Forelle Müllerin in erlesenem Rahmen serviert bekam, wird im Laufe der Zeit bedeutungslos. Eine Jagd mit Scott und sogar eine Artic-Grayling-Diät wird auch ohne Trophäe für immer unvergeßlich bleiben.

Waidmanns Heil!

Grizzlies

Ein nordamerikanisches Jagdcamp ohne die zahlreichen Schauer-
geschichten über unseren Grizzly ist kaum denkbar. Kein
abendliches Lagerfeuer, an dem die furchterregenden Stories
nicht die Runde machen, und sogar noch im Schlafsack kreisen
viele Gedanken weiter um den abenteuerlichen Burschen. Fangen
die Jagdführer erst einmal mit dem Erzählen an, wird die Nacht
meist kurz, die der Gäste dagegen lang und zumeist ziemlich
unruhig, denn jedes verdächtige Geräusch läßt sie hochfahren,
und dann dauert es seine Zeit, bis der erregte Puls die normale
Frequenz wieder erreicht und sich der Schlaf erneut einstellt.
Die meisten unserer Jagdführer halten sich an die tatsächlichen
Begebenheiten, an denen es nicht mangelt, und sind sich stets
bewußt, wieviel sie ihren Gästen von Fall zu Fall zumuten können.
Aber ehrlicherweise muß ich zugeben, daß es auch schwarze
Schafe gibt, denen das Jägerlatein so routiniert von den Lippen
geht, daß sie am Ende selbst an ihre Geschichten zu glauben
scheinen.

Grundsätzlich sei betont, daß der gefürchtete Grizzly dem Menschen aus dem Weg geht, sofern er nur eben kann. Hört oder liest man allerdings von den tragischen Ausnahmen, so ist das Unglück meist so entsetzlich, daß sich einem bei dem bloßen Gedanken an dieses wehrhafte und zuweilen aggressive Wild die Haare sträuben.

Gleich im ersten Jahr meiner jagdlichen Unternehmungen hatte ich auf diese oder jene Art mit Bären zu tun. Es war in unserem Jagdcamp, einem Zeltlager in den Bergen nördlich von Anahim Lake. Unsere deutschen Gäste, die zuerst nicht genug bekommen konnten von den Jagdgeschichten des Führers, witzelten mittlerweile, ob er sie mit seinen unermüdlichen Erzählungen vielleicht von der Tatsache ablenken wollte, daß sie schon seit drei Tagen kein einziges Stück Wild zu Gesicht bekommen hatten. Insgeheim gingen meine eigenen Vermutungen in die gleiche Richtung, was ich natürlich nicht zugeben, geschweige denn laut sagen durfte.

Zwei unserer Gäste waren sichtlich unzufrieden und wollten vor dem gemeinsamen Frühstück und dem Satteln der Pferde auf eigene Faust in Zeltnähe einen Pirschgang unternehmen. Obgleich das für Ausländer ohne Führer gesetzlich verboten ist, wollten wir keine schlechte Stimmung provozieren und ließen sie ziehen. In der Nacht war der erste Schnee gefallen, eine ideale Situation zur Fährtensuche; und so stapften die beiden voller Hoffnung mit einem unausgesprochenen „Euch werden wir es schon zeigen,...!" los. Unsere Warnung, sich nicht zu weit vom Camp zu entfernen, hinterließ offenbar keinen sehr nachhaltigen Eindruck.

Als sie unseren Blicken entschwunden waren, bereiteten wir das Frühstück, verzehrten es in aller Ruhe, stellten den Rest warm und rüsteten die Pferde zum Aufbruch. Von unseren passionierten Waidgesellen hörten und sahen wir nichts, und langsam wurde uns etwas beklommen zumute.

Plötzlich aufgeregte Stimmen! Na endlich, da kamen sie... aber wie! Nach Atem ringend, mit hochroten Köpfen und zitternd vor Aufregung stießen sie gleichzeitig zusammenhanglose Sätze hervor, in denen immer wieder das Wort „Grizzly" vorkam. Dazu fuchtelten sie wild mit den Armen und deuteten immer wieder in eine bestimmte Richtung, in der ihnen nach ihrer Beschreibung der Welt größter Bär persönlich auf die Schulter geklopft haben mußte.

Nachdem sie sich einigermaßen beruhigt hatten, stellte sich heraus, daß sie nicht einmal einem Bären begegnet waren, sondern allein dessen Trittsiegel im Schnee sie in diesen Erregungszustand versetzt hatten.

Kurz nach dem Verlassen des Camps hatten sich die beiden getrennt, um in jeweils entgegengesetzter Richtung zu pirschen. Der eine schlug rechts herum einen großen Bogen, während der andere nach links marschierte, etwas innerhalb der Kreislinie seines Genossen. Als sie sich etwa auf gleicher Höhe befunden haben mußten gewahrte letzterer eine eindeutige Grizzly-Fährte, so riesig, daß der überdimensionale kanadische Jagdschuh sie nicht einmal annähernd ausfüllte. Offensichtlich mehr als beeindruckt von solch unerwartet mächtiger Pranke, blickte er sich noch sichernd um, als er irgendetwas knacken und dann näherkommen hörte. Das war entschieden zu viel! Seine Jagdleidenschaft war von einem Augenblick zum anderen wie weggeblasen, und, das Herz in der Hose, rannte er, so schnell er vermochte, in Richtung des schützenden Camps.

Zur selben Zeit stieß sein Partner vom äußeren Zirkel her auf die gleiche eindrucksvolle Fährte, vernahm dazu ein Keuchen, das Krachen von Ästen und schwere, schnelle Tritte im Schnee. Zwar hatte er gerade die imposanteste Fährte seines Lebens entdeckt, aber auch ihn verließ, so allein auf weiter Flur, der Mut: Er ergriff das Hasenpanier und strebte, so schnell ihn seine Füße trugen, zurück zum Zelt.

Auf halbem Weg eräugten beide die Ursache der bedrohlichen Geräusche, was sie aber nicht im geringsten aufhielt. Gemeinsam erreichten sie in einem flotten Endspurt das Lager. Eine Geschichte zum Schmunzeln.

Unsere beiden Jäger schwangen zwar weiterhin große Reden „... Der soll mir nur vor die Büchse kommen ...!", aber wir hatten fortan keine Last mehr mit ihnen. Sie entfernten sich nicht einen unerlaubten Schritt mehr vom Camp und hielten sich bis zum

Ende der Jagd auffallend dicht und vorschriftsmäßig in der Nähe des Führers.

Dazu gibt es eine heitere Story, die sich vor einiger Zeit in gerade dieser Gegend zutrug: Ein wohlsituierter, betuchter Grizzly-Jäger bestand darauf – "Koste es, was es wolle!" – nicht ohne die Decke und die Pranten eines kapitalen Bären zu seinen Lieben nach Hause zurückzukehren. Dieses so betonte „Koste es, was es wolle!" verfehlte bei den angeheuerten Leuten natürlich nicht seine Wirkung. So opferte man die älteste und längst fällige Schindmähre unter den Pferden und brachte den Kadaver als Lockmittel an den Waldrand. Unser unerschrockener Waidmann legte sich 60 Schritt entfernt in Position, besessen, diese für ihn so unerhört wichtige Trophäe zu erobern.

Die Stunden gingen dahin, die Dämmerung setzte ein, und noch immer starrte er unentwegt auf den Köder, als sich plötzlich eine ungeheure, dunkle Masse dahinter bewegte. Noch ehe unser Held überhaupt begriffen hatte, was da geschah, und seine Waffe ansetzen konnte, hatte der Wald den Schatten samt Köder verschluckt.

Als unserem wackeren Waidmann aufging, daß es sich um seinen Grizzly handelte, der, wie die Katze mit einer Maus, dort drüben elegant und blitzschnell mit dem riesigen Pferdeleib verschwunden war, umklammerte er seine Elefantenbüchse fester, hastete, so schnell er konnte, ins Camp zurück und wollte von Grizzlies nichts mehr wissen. Er machte noch tagelang einen auffallend stillen und in sich gekehrten Eindruck.

Nach der offiziellen Statistik gab es seit 1980 im nordwestamerikanischen Raum 16 tödliche Unfälle durch Grizzlies und 20 Schwarzbär-Attacken mit tödlichem Ausgang. Die Dunkelziffer dürfte leider dreimal so hoch anzusetzen sein.

„Was muß ich tun, wenn ich angegriffen werde?"

Da diese Frage während jeder Jagdsaison unzählige Male an mich gestellt wird, möchte ich an dieser Stelle noch einmal darauf eingehen: Sollten sie jemals in eine bedrohliche Situation kommen, lautet die einzig richtige Entscheidung: Ruhe und Besonnenheit bewahren. Das ist sicher leichter gesagt als getan, aber es geht hier um Ihr Leben! Sie dürfen auf keinen Fall in Panik geraten oder sich gar zu wehren versuchen, und ebenso aussichtslos ist es, seine Rettung in der Flucht zu suchen. Wenn Sie tätlich angegangen werden und sogar noch, wenn Sie das Zupacken seiner Reißzähne spüren, hilft Ihnen nur Äußerste Selbstbeherrschung und Kaltblütigkeit. Am wenigsten Angriffsfläche auf lebenswichtige Organe bieten Sie zusammengekauert in Hockstellung mit fest im Genick verschränkten Händen. So ist schon mancher, der sich klugerweise „tot" stellte, von einem Bären als Beute verscharrt, also „lebendig begraben" worden und konnte sich später, als sein „Grabhügel" unbewacht war, heimlich davonschleichen.

Ich kenne mehrere Leute, die mit diesem Wissen und kühlem Verstand eine solch gefährliche Konfrontation überlebt haben. Von einer Indianerin aus Anahim Lake weiß ich, daß sie den wütenden Angriff einer Bärin überstand, indem sie es fertigbrachte, sich völlig passiv zu verhalten. Als sie aus einer kurzen Ohnmacht erwachte, fand sie sich unter einem Haufen Erde und Geäst, womit der Bär seinen Nahrungsvorrat getarnt hatte. Sie konnte sich aus eigener Kraft befreien.

Ihr noch auf dem Feld arbeitender Mann erkannte seine eigene Frau nicht, als sie auf ihn zugewankt kam, so schlimm war sie durch die Zähne und Pranten des Raubtiers zugerichtet. Sie mußte viele Monate im Krankenhaus verbringen, aber sie hat überlebt und kann heute ihrem normalen Alltag wieder nachgehen.

Im Jahre 1973 begegnete ich zum erstenmal Conny King, einem Rancher aus der Umgebung von Anahim Lake. Er ist eines der seltenen Originale, die man nur noch in den „out posts" dieser Welt findet. Als ich eines Tages mit seiner Tochter auf das Thema Bären zu sprechen kam, erzählte sie mir, daß auch ihrem Vater eine hautnahe Bärenerfahrung nicht erspart geblieben war.

Einmal, Anfang Mai, überprüfte Conny einen Teil seiner Rinderherden, als er aus einer Senke einen eigenartigen Laut vernahm, der ihn an den Angstruf eines Kalbes erinnerte. Er stieg vom Pferd, ging dem Geräusch nach und erblickte auf kurze Entfernung einen Grizzly, der mit zwei Jungen genüßlich an einer Elchdecke kaute. Dem erfahrenen Buschmann war klar, daß

106

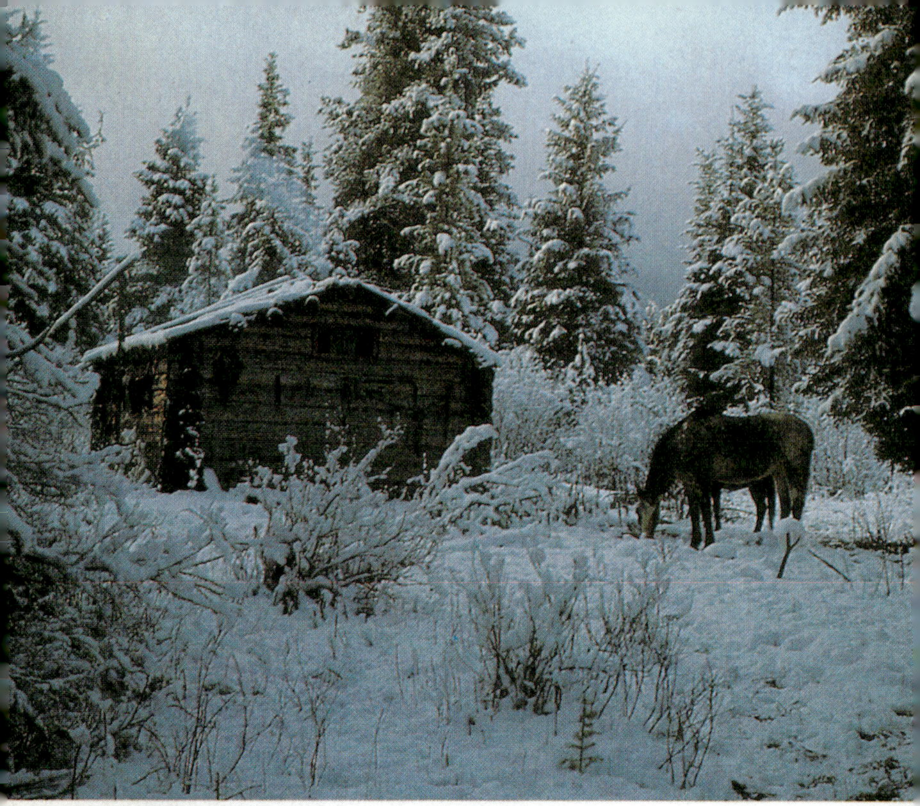
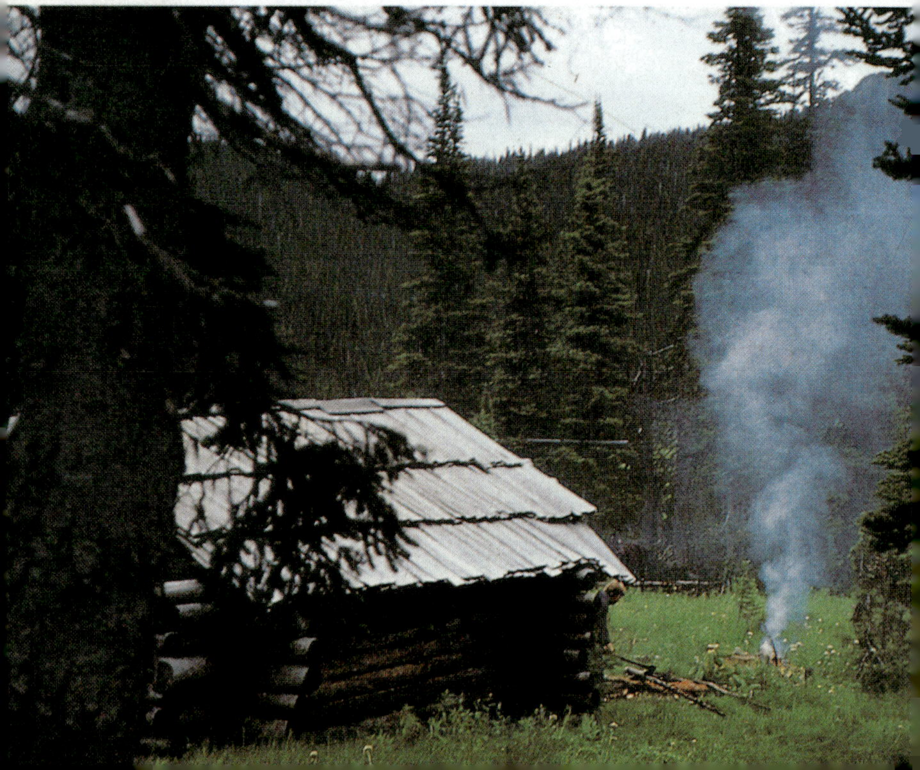

seine Lage gefährlicher kaum sein konnte. Den einzigen Hoffnungsschimmer bot ein naher, aber leider nicht sehr hoher Baum, den er in Windeseile ansteuerte und erklomm.

Da ein voll aufgerichteter Grizzly gut und gerne seine vier Meter mißt kann man sich vorstellen, wie minimal Conny's Chance aussah. So passierte das Unausweichliche. Ein Prankenhieb zerfetzte ihm das Bein und riß ihn gleichzeitig vom Baum. Er versuchte, den Kopf mit den Armen zu schützen, die später entsprechend zugerichtet waren. Trotzdem fuhren ihm die Krallen durchs Gesicht und tief in den Brustkorb, ehe ihn die Bärin im Schnee liegen ließ und sich mit ihren Sprößlingen trollte.

Das Pferd war längst über alle Berge, und so schleppte sich der zähe Bursche den ganzen Weg zu Fuß über das unwegsame Gelände heim zu seiner Squaw. Daß er den Pfad kaum erkennen konnte, führte er auf das Blut zurück, daß ihm übers Gesicht strömte. Daß er nur noch ein Auge und keine Nase mehr besaß sagte man ihm erst später in der Klinik.

Dank seiner robusten Ranchernatur und der Kunst der Ärzte hat er überlebt. Heute, wo man ihm das Ereignis, das er nur noch als bösen Traum bezeichnet, kaum noch ansieht, berichtet er mit einer Art Galgenhumor über den Monat im Krankenhaus, wo ihm die Ärzte „den Arm gewaltsam ans Gesicht klebten", um eine neue Nase zu formen.

Conny lebt immer noch auf der einsamen Ranch, zu der der gleiche holprige Waldweg führt, auf dem vor Jahren sein geschundener Körper in Decken gewickelt auf einem Pferdewagen nach Anahim Lake zum Flugzeug transportiert wurde.

Bärenjäger aus aller Welt wissen, daß die rauhe, paradiesisch schöne Fjordküste British Columbiens in und um Bella Coola das Mekka der Grizzly-Bären ist. Alljährlich versammeln sie sich hier zweimal aus den umliegenden Bergregionen, um sich an dem überreichen Angebot der laichenden Lachse gütlich zu tun. Die Fülle eiweißreicher Fischnahrung führte wahrscheinlich dazu, daß dieses Raubtier seine ungeheuer stattliche Körpergröße erreicht hat und es mit dem großen Braunen, dem Kodiakbären, durchaus aufnehmen kann.

An attraktiven Punkten, die sich als erfolgreiche Basis für Jagdausflüge bewährt haben, stehen häufig auch feste Blockhütten.

Wer den Mut hat, sich nur wenige Meter ins Unterholz zu schlagen, kann sie sehen, wie sie mit vollen Bäuchen nicht weit vom knöcheltiefen Wasser träge in ihren sauber ausgehöhlten Kuhlen liegen und verdauen, um sich nach wenigen Stunden erneut den Magen vollzuschlagen.

Einen weltweiten Ruf als der sicher erfahrenste und erfolgreichste Grizzly-Jäger genießt mein indianischer Freund Clayton Mack, der mittlerweile auf ein 45jähriges Berufsleben zurückblicken kann. Wieviel hundert Jägern er im Laufe seines Lebens ein kundiger und erfolgreicher Führer war, läßt sich nicht mehr zählen. In der Rekordstatistik des „Boone and Crocked" und in den „B.C.Record Books" findet man seine Erfolge so oft verzeichnet, daß er gewissermaßen zu einer Institution geworden ist. Es bedarf wohl keiner Erwähnung, daß er sich diesen Namen nicht vom Ohrensessel aus erworben hat.

Mindestens zweimal hat auch Clayton seinen Preis bei zu engen Auseinandersetzungen mit dem Grizzly bezahlt. Bereitwillig erzählt er am Lagerfeuer aus den fünf Jahrzehnten seines aufregenden Lebens im Busch. Trotz oder gerade wegen seiner Erfahrung mit Bären, erweist der heute mit 74 Jahren letzte Jagdführer seiner Generation dem Grizzly voller Respekt seine Referenz.

Vor einer Reihe von Jahren, als die Europäer noch seltene Jagdgäste bei uns waren, führte er einen Amerikaner vor einen stattlichen Braunen. Alles verlief eigentlich normal, was man bei einer Grizzly-Jagd eben so als „normal" bezeichnen kann. Der Bär sicherte aus etwa 60 Metern Entfernung zu den beiden hinüber. Etwa 30 Schritt zu Claytons Rechten hockte der amerikanische Jäger zielend im Anschlag, während der Indianer, sozusagen als„Rückversicherung" den Bären gleichfalls im Visier und den Finger am Abzugsbügel hatte.

Der Jäger plazierte einen idealen Schuß direkt ins Leben, und doch passierte das entsetzliche Unglück. Unmittelbar nachdem ihn die Kugel getroffen hatte, setzte sich der Bär in Claytons Richtung in Bewegung. Obwohl der aus vollen Rohren feuerte und zielsicher traf, konnte er den alle Hindernisse niederwalzenden Koloß nicht aufhalten.

300 Kilogramm Lebendgewicht fielen Clayton buchstäblich in die Gewehrmündung und der Kolben der Waffe bohrte sich tief in den Brustkorb des kleinen, drahtigen Indianerkörpers. „Und dann fiel meine Lunge zusammen, während ich halb unter dem toten Bären lag.", beendete er schlicht und bescheiden seine Geschichte.

Sein zweiter, nicht minder dramatischer Unfall ereignete sich ebenfalls zu der Zeit, als die Amerikaner noch die Jagdszene in B.C. beherrschten: Grizzly, Jäger und Führer befanden sich in einer ähnlichen Dreieckposition. Wieder war der Bär auf Grund eines gekonnten Schusses mit Sicherheit als verendet anzusehen, aber immer noch lebendig genug, um Clayton mit einem einzigen Prankenhieb vehement durch die Luft zu befördern.

Nach dem Aufprall blieb der Indianer regungslos am Boden liegen: querschnittsgelähmt!

Dank seiner Berühmtheit in amerikanischen Jägerkreisen und der Beliebtheit bei den Jagdgästen ließ ihn ein Kalifornier umgehend in eine dortige Spezialklinik fliegen, die er glücklicherweise auf eigenen Beinen wieder verlassen konnte. Clayton, der des Lesens und Schreibens kaum kundige Indianer, hat bewiesen, daß ein Mann auch über den Grizzly zu einer bekannten und geachteten Persönlichkeit werden kann.

Nach seinem zweiten Unfall und mit zunehmenden Jahren konnte nur er es sich leisten, mit größter Selbstverständlichkeit zu einem Jäger zu sagen: „Willst Du Grizzly, okay, besorg ich Dir! Aber Waffe schleppst Du selbst und hilfst mir, wenn alte Knochen nicht mehr mitmachen!" Seine Erfahrung war durch nichts zu ersetzen.

Einmal hatte sich ein Jäger aus dem fernen Europa angemeldet. Kein Grund zur Aufregung für Clayton, der sich mittlerweile sogar an die schönen, bunten Briefköpfe gewöhnt hatte; dieser war besonders farbenprächtig.

Pünktlich am vereinbarten Tag erschien der Gast. Er war höflich und freundlich, ja, fast ein wenig verlegen. Clayton war etwas irritiert, denn nur einer hatte sich angemeldet und bezahlt. Was wollten die beiden anderen Männer, die ungefragt mitgekommen waren? Sie trugen nicht einmal Jagdkleidung oder Waffen, sondern standen nur mit undurchdringlichen Gesichtern wortlos hinter dem Europäer.

Der Indianer fragte den Neuankömmling zuerst einmal nach seinem Namen. Es folgte ein unaussprechlich langes Wortgebilde, worauf er sich noch einmal gezielt nach dem Vornamen erkundigte, mit dem hier jeder sofort und ohne großes Zeremoniell angeredet wird. Die Antwort fiel Clayton immer noch zu umständlich aus, und so nahm er drei Buchstaben aus der endlosen Wortkette und verpaßte sie dem Jäger kurzerhand als zukünftigen Rufnamen, womit die Angelegenheit für ihn erledigt war. Der Gast lächelte still und amüsiert.

Als Clayton ihn zu dem alten Hausboot führte, das als Jagdquartier diente, schlossen sich die beiden unerwünschten Figuren wieder ungebeten an. Nun platzte Clayton der Kragen: „Willst Du mit mir jagen, ist das okay, aber ohne diese beiden Kerle, die schickst Du dahin zurück, wo sie hergekommen sind!"

Clayton, dessen entschiedener Tonfall keinen Widerspruch duldete, hatte damit einem regierenden König kurzum Order erteilt, seine beiden Leibwächter wieder dorthin zurückzuschicken, wo sie nötig waren, in die Stadt zu den zivilisierten Menschen. Unter Jägern und Grizzlies waren sie überflüssig, jedenfalls wenn Clayton mit von der Partie war.

Bis heute hat dieser einfache Indianer vom Stamm der Bella Coola nicht begriffen, welchen Rang dieser Gast im europäischen Gesellschaftssystem einnahm. Leider ist „Good old Clayton" seit dem Sommer 1984 nur noch in der Lage, Jagdgeschichten zu erzählen. Ein Schlaganfall hat den 74jährigen legendären Mann an den Rollstuhl gefesselt. Ihn, der einst mit Pferd und Axt den ersten weißen Landvermessern eine Trasse für die Straße von Anahim nach Bella Coola, noch heute einzige Landverbindung von Vancouver aus, wies. Möge der große Manitou ihn, der nie viel Wesens um seine Person machte, dereinst belohnen.

So unfaßbar dieser Schicksalsschlag für uns alle war, das Leben ging weiter, und vor allem galt es, den ankommenden Jägern der Saison 1984 beizubringen, daß Sie nicht mehr Clayton Mack senior, sondern der 32jährige Clayton Mack junior auf den Bären führen würde.

Für einen Jagdunternehmer ist das eine ziemlich heikle Aufgabe, denn im Gegensatz zu uns in British Columbia, die wir alles etwas zwangloser angehen, fassen europäische Kunden ihren Vertrag oft wörtlich auf und bestehen darauf, ihn buchstabengetreu erfüllt zu sehen.

Glücklicherweise fügten sich alle in das Unvermeidbare und hatten ein Einsehen mit den Umständen, die die Änderung der ursprünglichen Absprache erforderlich werden ließen. Insgeheim, so muß ich gestehen, fühlte ich mich nicht ganz wohl bei dem Gedanken, meine Jäger einem „Neuen" anzuvertrauen, den ich in der Praxis so gut wie gar nicht kannte.

Etwas beklommen erwartete ich daher die ersten Rückkehrer und atmete erleichtert auf, als ich die begeisterten Kommentare hörte: Es sei die beste Kanada-Jagd ihres Lebens gewesen. Man habe mehr Grizzlies gesehen als daheim Böcke. Und die Führung sei ausgezeichnet gewesen.

Das Problem schien also gelöst. Aber so ganz zufrieden gab ich mich mit dem Urteil der Gäste noch nicht. Ich wollte Clayton jun. näher kennenlernen und organisierte am Ende der Saison eine Jagd in einem bestimmten Distrikt des großen Territoriums, den ich selbst bisher noch nicht bejagt hatte.

Die Mentalität und Verhaltensweise der Indianer ist für Europäer, wenn sie zum erstenmal zu uns kommen, oft befremdend oder gar unverständlich – was umgekehrt natürlich auch zutrifft. Ich halte es daher für wichtig, auf beiden Seiten erklärend und vermittelnd vorzubeugen, um spätere unnötige Mißverständnisse von vornherein zu vermeiden. Aus diesem Grund wollte ich Clayton jun. ganz unauffällig – um ihn nicht zu kränken – bei diesem Ausflug zu zweit ein wenig auf den Zahn fühlen.

In diesem Territorium hatte ich von anderen Camps aus mit meinem ebenfalls indianischen Freund Benny Tallio und natürlich mit Clayton sen. schon so manchen Grizzly aufgespürt. Nun freute ich mich auf eine unbeschwerte Zeit ohne Gäste und ohne Termindruck, in der sich das Angenehme mit dem Nützlichen verbinden ließ.

Der Buschpilot hatte uns an einem großen Binnensee abgesetzt, und beim Abschied hieß es nur kurz: „Wenn Du in etwa zehn Tagen in der Gegend bist, vergiß nicht zu kreisen und auf unsere

Zeichen zu achten!"

Das reicht hier vollkommen, um zu wissen, was der eine zu tun hat und worauf sich der andere verlassen kann. Großer Worte, Versprechungen oder gar formeller Verträge bedarf es nicht.

Als ich mich von zu Hause verabschiedete, mußte ich mir von Nic, meinem 21jährigen Sohn, noch eine gehörige Standpauke gefallen lassen. „Du bist wohl verrückt!" meinte er wenig respektvoll in Deutsch. Eigenartigerweise wechseln wir immer in die deutsche Sprache über, sobald es um die Jagd geht. "Du wirst doch nicht mit Deiner Blaser losziehen. Nimm meine .300 Winchester Magnum, mit der bleibt jeder Bär auf der Stelle stehen!"

Er wußte, daß an der Westküste die Schußdistanzen im dichten Regenwald wesentlich geringer sind als in anderen Teilen unseres Landes. Da ich seinem vernünftigen Vorschlag nicht gleich zustimmte, sondern selbstgefällig argumentierte, daß ich bis jetzt jedes Wild, auch den imposanten Küsten-Grizzly, mit meiner Blaser zur Strecke gebracht hätte, gab es eine lange und hitzige Debatte, ehe der Herr Sohn sichtlich unzufrieden mit seinem störrischen Vater das Haus verließ. Immerhin, so überlegte ich mir nach seinem Abgang, war ihm offensichtlich viel daran gelegen, seinen Erzeuger heil und gesund wiederzusehen.

Dadurch versöhnlich gestimmt, bediente ich mich aus seiner Munitionskiste und gab, da ich seine Waffe zum ersten Mal benutzte, einige Probeschüsse hinter dem Haus ab, die ausnahmslos tadellos saßen. Trotzdem nahm ich zusätzlich noch meine bewährte Blaser samt „buck shot" (Rehposten) im Kaliber .30-06 mit.

Als ich Clayton in Bella Coola traf, registrierte ich sogleich, daß auch er eine Dreihundert führte, die ihm ein zufriedener Gastjäger einmal zum Geschenk gemacht hatte. Bei dieser Feststellung leistete ich meinem Sohn insgeheim Abbitte.

Derart bombastisch bewaffnet, zudem mit einem gehörigen Vorrat an Eiern, Speck und Brot und einer zweckmäßigen Regenausrüstung, landeten wir an einer alten, auffallend verkommenen Hütte. Ich wunderte mich nicht wenig, daß über diese unzulängliche Bruchbude noch niemals die geringste Beschwerde eingegangen war. Andererseits bestätigte das meine bisherige

Erfahrung, daß die äußeren Begleitumstände wenig oder gar nicht ins Gewicht fallen, wenn der Jäger erlebnisreiche Tage verbringt und mit der ersehnten Trophäe heimkehrt.

Bleibt der Jagderfolg dagegen hinter seinen Erwartungen zurück oder gar einmal ganz aus, werden auch die ausgefallensten und kostspieligsten Extras bemängelt. Es ärgert den enttäuschten Gast dann buchstäblich die Fliege an der Wand.

Unser See, etwa zehn Kilometer lang und zwei Kilometer breit, ist nur durch einen Bergzug von der Pazifikküste getrennt. Daher finden trotz des Süßwassers über den Flußablauf vielfältige Lachsarten und sogar Seehunde den Weg hierher, was dieses Gewässer zu einem Eldorado für Angler macht. Die Jäger wissen die umliegenden Flüsse ebenfalls zu schätzen, da sich während der Laichzeit der Lachse die Bären in großer Zahl hier einfinden.

Während ich noch voller Begeisterung die Gegend betrachtete, brachte Clayton schon unsere Ausrüstung in die Hütte, in die es kräftig hineingeregnet hatte. In einer Ecke gab es noch zwei trockene Bunk-Betten, die wir mit Beschlag belegten. Nachdem wir den üblichen Marder-, Mäuse- und Vogeldreck entfernt hatten, fanden wir es fast wohnlich.

Während Clayton sich am Yukon-Ofen zu schaffen machte, ging ich hinaus, um mich zu einem bestimmten Zweck in die Büsche zu schlagen.

Bei dieser Gelegenheit betrachtete ich erstmal intensiver den sandigen Boden, der vom See bis zur Hütte reichte. Es ließ sich ganz eindeutig ablesen, daß sich hier vor nicht allzu langer Zeit zwei Grizzlies getummelt hatten. Auf dem dicken, grünen Teppich, der den anschließenden Waldboden bedeckte, konnte ich die Spuren nicht weiter verfolgen.

Zugegeben, ich bin ein passionierter Jäger, habe aber nie behauptet, ein Held zu sein. So zog ich mich unverrichteter Dinge schleunigst wieder in unsere vier Wände zurück, täuschte einen ungewöhnlichen Eifer bei den Aufräumungsarbeiten vor und erkundigte mich so ganz nebenbei und so belanglos wie eben möglich, ob Clayton irgendwelche Vorsichtsmaßnahmen in unmittelbarer Nähe wirklich für erforderlich halte. Nach seiner eindeutigen Warnung begab ich mich, diesmal mit vier Schuß unterladen, zu meinen „Geschäften" wieder nach draußen.

Allem Anschein nach würde ich in Kürze sicher und bequem meinen Grizzly durch die Tür oder das Fenster erlegen können und noch viel Zeit übrig haben, um geruhsam Land und Wasser zu erkunden. Lange würde Meister Petz, angezogen durch unsere Lebensmittelabfälle, sicher nicht auf sich warten lassen.

Die Erfolgsträume wurden durch meinen Partner unterbrochen, der mit seiner auffallend leisen, fast schüchternen Stimme meinte, es sei an der Zeit, die Boote klarzumachen. Mit den geladenen Waffen unterm Arm marschierten wir den Strand entlang und kreuzten dabei eine beachtliche Zahl von Grizzly-Fährten.

Statt des von mir erwarteten Ruderbootes fanden sich im Gebüsch versteckt zwei etwa acht Meter lange Lastkähne mit zentnerschweren Außenbordmotoren. Ich dachte automatisch an mein armes Kreuz und sah mich bereits als Patienten beim Chiropraktiker.

„Wie sind denn diese Mordsdinger hierher gekommen?" entfuhr es mir völlig perplex. „Die Boote über den Fluß, der zum Ozean führt, die Motoren mit dem Wasserflugboot," entgegnete Clayton in seinem fast unbeteiligten Tonfall. Dabei begann er schon, den schweren Kahn zentimeterweise aus dem dichten Gestrüpp zu zerren. Als wir ihn im Schweiße unseres Angesichts etwa zur Hälfte herausgewuchtet hatten, ließ Clayton davon ab und strebte mit der höflichen Bitte, ich möge ihm helfen, Fisch zu sammeln, dem Ufer zu.

Mein ratloses Gesicht konnte er nicht sehen, da ich brav, als sei ich bestens informiert, hinterdrein stapfte, mir ebenfalls ein Stück Plastik um die Hand wickelte und verendete Lachse zum Boot trug. Gar zu gerne hätte ich gewußt, wozu dieses unappetitliche Spielchen gut sein sollte, wollte mich aber nicht gleich am ersten Tag mit dummen Fragen blamieren. Jedenfalls war diese Arbeit nicht so mühselig wie die Plackerei mit dem Kahn, nur mußte man jedwede ästhetische Empfindung und möglichst auch seine Geruchsnerven ausschalten: Die von Bären, Adlern und Möwen aufgerissenen und jetzt in Fäulnis übergegangenen Fischleiber stanken bestialisch.

Ohne eine Miene zu verziehen, tat ich es Clayton nach und legte die zehn- bis zwanzigpfündigen Lachse akkurat in Reih und Glied vor dem Boot in Richtung Wasser aus. Erst als wir etwa 60 bis 80 Kilogramm zusammengebracht hatten und bereits eine lange Spur entstanden war, fiel bei mir endlich der Groschen. Die glitschige Unterlage ermöglichte einen problemlosen Stapellauf und ersparte uns weitere schweißtreibende Knochenarbeit.

Nach einem kurzen Schub glitt der schwere Kasten mühelos den Sandstrand hinunter, und wir schlitterten unbeholfen hinterher, bemüht, nicht mit dem Allerwertesten auf der Rutschbahn zu landen, denn mit dem penetranten Geruch in den Kleidern hätten wir jedes Stinktier in den Schatten gestellt.

Ob diese Dunstwolke, so erwog ich im Stillen, vielleicht mehr Bären anziehen würde, als uns lieb sein konnte? Andererseits, so beruhigte ich mich, gab es lebendige Lachse in Hülle und Fülle. Warum sollten sie gerade uns auf den Leib rücken, zumal unsere Betriebsamkeit nicht gerade leise vor sich ging.

Auf unserem zweiten Weg zur Hütte, wo wir noch Benzinkanister holen mußten, nahm Clayton mit solcher Selbstverständlichkeit seine geladene Waffe mit, daß ich mir ebenfalls die Büchse unter den Arm klemmte, obwohl sie beim Transport der schweren Kanister ziemlich hinderlich war.

Schließlich waren alle Vorbereitungen getroffen, wir stießen ab und ließen die verrottende Bootsrampe hinter uns. Tief durchatmend sogen wir die frische Brise in unsere Lungen und schipperten zu unserer ersten Abendpirsch auf die gegenüberliegende Flußmündung zu.

Diese Grizzly-Jagd war für mich im Grunde eine unter vielen, und trotzdem haftete ihr diesmal etwas Besonderes an. Ich war hier das erste Mal an einem Platz, den mein alter Freund Clayton so sehr liebte und an dem er bei jeder Herbstjagd sein Soll zu 100 Prozent erfüllt hatte. Meine Gedanken weilten bei dem Gefährten so vieler erlebnisreicher und fröhlicher Stunden, dem nun das Schicksal so hart mitgespielt hatte, daß er diesen Busch, der sein Leben bedeutet, wohl niemals wiedersehen wird.

In fast regelmäßigen Abständen durchschnitten die Rückenflossen der Lachse den ruhigen Wasserspiegel vor unserem Boot. Aus sicherer Entfernung lugten einige Seehunde mit ihren großen brauen Augen neugierig zu den Eindringlingen hinüber.

Schon einige hundert Meter vor dem Flußdelta drosselte Clayton den Motor, offensichtlich, um uns nicht vorzeitig durch das Knattern, das in dieser Stille übermäßig laut wirkte, anzukündigen. Schon vom Wasser aus suchte ich angestrengt die Ufer ab, aber außer „allerlei Federvieh" war nichts auszumachen. Clayton wirkte gelassen, fast desinteressiert.

Wir landeten in der Nähe einer bizarr zum Himmel strebenden Baumwurzel und schoben den Kahn das letzte Stück durch den Uferschlamm. Während mein Partner den Motor sicherte, band ich das dicke Halteseil an einen der starken Wurzelstöcke. Clayton löste meinen vorbildlichen Knoten stillschweigend wieder und befestigte das Tau ein Stück weiter oben. Ich muß wohl ein wenig gekränkt dreingeschaut haben, denn er erklärte mir geduldig, daß außer Schwimmen kein Weg zurückführe und der Wasserspiegel hier in kürzester Zeit so rasant ansteigen könne, daß Baum und Boot auf Nimmerwiedersehen davongetragen würden. Ich hielt das für ziemlich übertrieben und meinen Jagdführer für einen der Übergescheiten, bei denen Vorsicht immer die Mutter der Porzellankiste ist. Aber an diesem Tag war meine gute Laune durch nichts zu verderben.

Es herrschte wundervolles Spätherbstwetter, die Sonne hatte den Zenit erst wenige Stunden überschritten, kein Wölkchen trübte das Blau des Himmels, und als wir schon nach kurzer Wegstrecke die ersten Bärenfährten kreuzten, befand ich mich ganz in meinem Element. Hier war eine „sow" mit ihren „cubs", den Jungen, entlanggezottelt, dort ein alter Einzelgänger, und wenig später trafen wir auf die Trittsiegel von einem Halbwüchsigen. Auf diesem paradiesischen Fleckchen Erde hatte sich offenbar eine ganze Sippe der „Ursus Horribilis" ein Stelldichein gegeben. Der Flußarm verengte sich bald, und die grüne undurchdringliche Mauer des Waldes schob sich immer dichter heran.

Es ließ sich nicht leugnen, daß ich merklich nervös wurde. Ich mußte das Gelände vor mir und hinter mir, das Flußufer und nicht zuletzt den Waldrand praktisch gleichzeitig im Auge behalten. Mein spürbares Herzklopfen war nicht, wie bei anderen Gelegenheiten, durch freudige Erwartung hervorgerufen, sondern durch das beklemmende Gefühl, in einer Falle zu sitzen, die jeden Augenblick zuschnappen konnte. Würden hier mehrere Bären gleichzeitig angreifen, wäre unser Schicksal besiegelt.

Ich nahm mir vor, meiner an diesbezüglichen Kummer gewöhnten Frau von der heutigen Pirsch nicht unbedingt in allen Einzelheiten zu erzählen; weniger, um sie zu schonen, sondern um mir eine der lästigen Moralpredigten zu ersparen, die immer bei den Themen Verantwortung, Vernunft und männlicher Egoismus endeten.

Natürlich steht da die ernsthafte Frage im Raum, was einen Mann immer wieder dazu treibt, seine Selbstbestätigung und sein Vergnügen in solchen Mutproben zu suchen. Es ist mir bisher nicht gelungen, meine Gefühle in verständliche Worte zu kleiden. Vielleicht kann ein Fallschirmspringer, ein Bergsteiger oder ein Tiefseetaucher die Antwort geben.

Um der Wahrheit willen muß ich zugeben, daß ich in meiner Eigenschaft als Vater nicht viel anders reagierte, als meine Frau meinem Sohn einmal heftigste Vorhaltungen machte, weil er das Turnierspringen zugunsten des Rodeosports aufgab. „Mensch, Dad", meinte er damals, „wenn Du wüßtest, was einem da beim Bezwingen eines Bullen oder Wildpferdes von der Schädeldecke bis in die Zehenspitzen schießt!"

Jetzt und hier war jedenfalls nicht zu übersehen, daß auch Claytons stoische Gelassenheit äußerster Anspannung und Aufmerksamkeit gewichen war. Es sei dazu erwähnt, daß alle Indianer dem großen Bären gegenüber einen außerordentlichen Respekt an den Tag legen. Aus eigenem Antrieb mcht keine Rothaut Jagd auf ihn, sondern schlägt lieber einen weiten Bogen um Meister Petz. Diese tief eingewurzelte Furcht geht meines Erachtens auf die Zeiten zurück, in denen er diesem gewaltigen Raubwild nur mit Pfeil und Bogen gegenüberstand und wenig Chancen hatte, als Sieger aus einem Duell hervorzugehen. Auch heutzutage noch, als erfahrener Jagdführer mit einer modernen Büchse vertraut, wird ein Indianer seinem alten, ehemals unbezwingbaren Widersacher niemals mit Gleichmut begegnen.

Daß wir uns aus Gewohnheit so lautlos wie möglich vorwärts bewegten, war hier ausgesprochen widersinnig, denn die verdächtigen Geräusche, auf die wir angestrengt lauschen, wären nie bis an unser Ohr gedrungen. Ich glaubte mich tausende Kilometer weit weg in den Urwald des Amazonas versetzt, denn ein solches Krächzen, Schreien, Piepen, Schnattern, Schimpfen und Rufen aus tausenden von Vogelkehlen hatte ich in unseren Breiten nie erlebt und nicht im entferntesten für möglich gehalten. Eine Riesenschar von Enten, Möwen, Krähen, Tauchern und Raben freute sich aus voller Brust des Lebens. Über der ganzen aufgeregten Schar schwebten majestätisch die Weißkopfadler, die Wappentiere der Amerikaner.

Die sonst so häufigen Streitereien um die Beute fanden hier allerdings nicht statt. Jeder hielt seinen eigenen Lachs zwischen den Fängen und riß seine Lieblingsstücke heraus, wobei die Möwe sich lediglich an den Augen ergötzt. Sie ist so gierig auf diesen Leckerbissen, daß man sogar noch lebende Fische mit ausgehackten Augen zu den Laichplätzen ziehen sieht. Untereinander ohne Futterneid, nahm man auch von uns so gut wie keine Notiz; nur die Stockenten ließen einen gewissen Sicherheitsabstand nie außer acht.

Ein Ornithologe wäre wohl wunschlos glücklich gewesen, aber unsere Jägeraugen suchten nach wie vor fieberhaft nach einer großen, haarigen, braunen Decke. Vor jeder neuen Biegung des Flusses stieg unsere Pulsfrequenz um einige Schläge an, denn bei den immer noch zahlreichen Fährten mußte man jede Sekunde auf eine überraschende Begegnung gefaßt sein, wobei besonders die alten Einzelgänger als unberechenbar bekannt und nicht minder angriffswütig sind als eine führende Bärin. Man kann beide ohne jede Übertreibung als potentielle Angreifer bezeichnen.

Weit über die Hälfte der tödlich endenden Unfälle geht auf das Konto der „sow", also der Bärin mit Jungen und den in dieser Phase stark ausgeprägten Beschützerinstinkten. Da wir einmal bei der Statistik sind: Auf dem Papier führt zwar der Schwarzbär mit Abstand die Liste der tödlichen Begegnungen mit Wild an. Man darf aber nicht unberücksichtigt lassen, daß er im ganzen Land dicht verbreitet ist, während sich der Grizzly zu einem ausgesprochenen „Kulturflüchter" entwickelt hat.

Die von mir so heißbegehrte Trophäe war ein starker Einzelgänger, und so maß ich unablässig mit den Augen jedes

Trittsiegel. Anhand der Breite der Vorderpranten kann der erfahrene Jäger und Führer seine Schlüsse ziehen: Etwa 15 Zentimeter entsprechen einem Körpergewicht von 300 bis 400 Kilo.

Der zu Beginn des Tages so schüchterne und fast unbeteiligt wirkende Clayton bestand nur noch aus geballter Konzentration. Der Ausdruck seiner dunklen, jetzt sprühend hellwachen Augen bestätigte, daß wir uns nicht auf irgendeinem beliebigen Jagdausflug befanden. Das Heimbringen einer guten Decke trat zurück gegenüber dem Gedanken, die eigene Haut unbeschadet aus diesem Abenteuer heimzubringen.

Trotz unserer Erfahrung und der vorzüglichen Bewaffnung, so schoß es mir durch den Kopf, konnte es bei einer Konfrontation bestenfalls ein „even match", also einen chancengleichen Kampf geben. Das Gute bei einer solchen Bewährungsprobe: Alle Sinne werden so beansprucht, daß Angst gar keine Chance hat, sich lange auszubreiten, alle Konzentration galt der Umgebung.

Plötzlich, etwa 50 Meter vor uns Bewegung, ein ungeheueres Rauschen. Wie auf ein geheimes Kommando erhob sich alles, was Flügel hatte, in die Luft und zog in Form einer dunklen Wolke mit einem solchen Getöse über unsere Köpfe, daß wir sie unwillkürlich einzogen.

Dies war zweifellos ein Alarmsignal. Es konnte natürlich auch ein Wolf diesen Massenstart verursacht haben. Zwar verirren sie sich selten in Gefilde, die von Bären mit Beschlag belegt sind, aber wir hatten am Morgen bereits aus der Ferne ihr Heulen vernommen, und auch die auf ganz typische Art angeschnittenen Lachse sprachen für ihre Anwesenheit.

Der Grizzly hat es nur auf den fleischigen Lachsrücken abgesehen, die Vögel halten sich meist an die Innereien, der Wolf hingegen bevorzugt das Hirn. Da hier ein Überfluß wie im legendären Garten Eden herrschte, fraßen sich alle nur an ihren speziellen Delikatessen satt.

Clayton und ich versanken natürlich in dem Augenblick nicht in solche tiefsinnigen Betrachtungen, sondern standen stocksteif, die Waffen im Anschlag und starrten gebannt auf die Stelle, an der der gefiederte Schwarm soeben abgestrichen war. Sollte uns das Jagdglück gleich am ersten Abend gewogen sein? Das wäre zu schön, um wahr zu sein.

Wir wagten lange Zeit nicht die geringste Bewegung, aber das Ausharren blieb vergeblich. Die Anspannung ließ ein wenig nach, und wir verständigten uns mit einer kurzen Kopfbewegung: weitergehen! Als wir voller Neugier am „Tatort" angelangt waren, fanden wir nicht einmal eine Fährte. Der Grund des überstürzten Aufbruchs blieb somit das Geheimnis der Anführer, die den Warnruf ausgestoßen hatten.

Das Pirschen wurde immer beschwerlicher, ein Fortkommen war nur noch durch das Wasser des nicht sehr tiefen Flußbettes möglich. Dabei mußten wir immer wieder über querliegende Baumriesen klettern oder uns mühsam darunterdurchwinden. Clayton ging voran.

Unvermittelt stockte er, stieß, als ich neben ihm stand, kaum hörbar zwischen den Zähnen das Wort „Bär" hervor, und Sekunden später hatte ich ihm schon im Zielfernrohr. Tief durchatmend wartete ich auf den Befehl: „shoot!". Das ersehnte Kommando kam nicht, dafür nach einiger Zeit die wortkarge Erklärung: „Zwillinge!"

Somit konnte es sich nur um Halbwüchsige handeln, sonst wären sie nicht mehr beisammen. Erst jetzt sah ich auch den zweiten. Beide sicherten aus dem Unterholz, etwa 40 Meter rechter Hand voraus, zu uns herüber. Ich muß gestehen, daß ich die beiden ohne Claytons Hinweis gar nicht bemerkt hätte, denn ihr schmutzigbraunes Haarkleid tarnte sie vorzüglich im Grau-Braun der herbstlich welken Blätter. Dem scharfen Indianerauge dagegen entgingen sich auch in dieser Deckung nicht.

Sie bewegten unschlüssig ihre Windfänge hin und her. Ein Zeichen, daß sie sich der Gefahr noch nicht recht bewußt waren, und ein Beweis ihrer Unerfahrenheit. Ein alter Bär hätte allein bei einem vagen Verdacht schleunigst das Weite gesucht. Ich ließ das Gewehr ohne allzu große Enttäuschung sinken und hatte meine Freude an den beiden possierlichen Gesellen, bis sie sich schließlich doch aus dem Staube machten, zehn Meter weiter noch einmal durch die Zweige äugten, um dann endgültig im dichten Busch unterzutauchen.

Nach diesem heiteren Intermezzo setzten wir, umsichtig wie

zuvor, unsere Pirsch fort. Die Mutter des Pärchens brauchten wir nicht zu erwarten oder gar zu fürchten. Zweijährige sind bereits von der Alten abgeschlagen und werden sich spätestens im nächsten Jahr trennen, um allein zu jagen, und sich sogar, wenn nötig, gegenseitig erbitterte Kämpfe liefern.

Unvermittelt machte die Beschaffenheit des Geländes ein Weiterkommen unmöglich. Willkommener Anlaß für uns, eine ausgiebige Rast einzulegen und unseren Proviant zu verzehren. Körperlich waren wir, ohne Gepäck und ohne große Höhenunterschiede überwinden zu müssen, in keiner Weise strapaziert, aber die pausenlose, extreme Anspannung machte sich nun bemerkbar. Nachdem wir mit einem Baumstamm als Rückenlehne ausgiebig unsere Beine ausgestreckt hatten, begaben wir uns auf den Rückweg, um vor Einbruch der Dunkelheit das Boot zu erreichen.

Wir nahmen zwangsläufig den gleichen Weg, den wir gekommen waren. Die alte Spannung hatte sich schon bald wieder eingestellt und erhöhte sich noch um das gewisse Etwas, das nur die Pirsch am Abend vermittelt, der Tageszeit, in der das Austreten des Wildes allgegenwärtig ist, in der der passionierte Waidmann diese undefinierbare Erregung bis in die Fingerspitzen spürt.

Wir hatten einige hundert Meter zurückgelegt, als mich Clayton, der seine Augen überall hatte, heranwinkte. Er deutete auf den Stollenabdruck meines Stiefels im Sand. Nichts Aufregendes, könnte man meinen, wäre darüber nicht deutlich der Abdruck eines kapitalen Grizzlys zu sehen gewesen. Wir sicherten nach allen Seiten, überprüften automatisch die Waffen und hielten sie unbewußt ein wenig fester in den Händen.

Leider oder glücklicherweise, je nachdem wie man es sehen will, trafen wir auf unserem weiteren Rückweg auf keinen Bären mehr.

Bevor wir in die Schlafsäcke krochen, redeten wir, wobei ich mit Abstand der Wortreichere war, noch ein wenig über den erfreulichen Auftakt unserer Jagd und unsere weiteren Erwartungen. Von hier nach den üblichen zehn Tagen ohne Grizzly heimzukehren, dachte ich noch beim Einschlafen, müßte wirklich eine ganz besondere Kunst sein.

Am nächsten Morgen krochen wir zeitig aus den Federn, schlugen

Eier in die Pfanne mit dem brutzelnden Speck, setzten im ersten grauen Licht des Tages über und begannen unsere Pirsch, nachdem mein Partner wieder seine akkurate Bootsvertäuung vorgenommen hatte. Schon bald fanden wir unsere Stiefelabdrücke vom Vortag wieder überlagert von aufregenden Trittsiegeln. Unsere Anwesenheit hatte also die Bären nicht vertrieben. Ein angenehmer Nervenkitzel begleitete uns die ganzen zwei Kilometer, ohne, daß sich auch nur das geringste ereignet hätte.

Auf dem Rückweg gegen elf Uhr waren unsere neuen Fußabdrücke schon wieder unter denen der Bären begraben. Verflixt und zugenäht! Waren wir nun immer zu früh oder zu spät dran?

Kurz nach zwei Uhr am frühen Nachmittag brachen wir zur Abendpirsch auf, stapften die 2000 Meter den Fluß hinunter, machten Rast und kamen bei Einbruch der Dämmerung wieder am Boot an, ohne auch nur die Andeutung eines Bären gehört oder gesehen zu haben.

Clayton junior, im Gegensatz zu dem leutseligen Alten recht wortkarg, gedachte sich anscheinend nicht darüber auszulassen, warum unsere langhaarigen Freunde so offensichtlich Katz und Maus mit uns spielten. Ob sie unsere Routine so schnell bemerkt hatten, Wachposten aufstellten oder das Motorengeräusch sie warnte, ich fand keine plausible Erklärung dafür, daß sie sich grundsätzlich hinter unserem Rücken den Wanst füllten.

Nach dem dritten erfolglosen Tag war ich nicht länger bereit, mich an der Nase herumführen zu lassen, ich wurde ungeduldig und verlangte nach „action".

Da unsere Route am Ufer entlang wieder nichts gebracht hatte, und Clayton von sich aus kein Husarenstück auf Lager hatte, schlug ich vor, zur Abwechslung einmal in einen der Bärentunnel vorzudringen, die vom Waldrand aus in das dichte Unterholz führten. „Reiner Selbstmord!" Mehr hatte er dazu nicht zu sagen.

Ich ließ mit meiner fixen Idee nicht locker und ging ihm mit meinen Wünschen so lange auf die Nerven, bis ihm nichts anderes übrigblieb, als mit mir die Nase in einen Wechsel zu stecken, der etwas breiter war als die gewöhnlichen Röhren.

Da sich der Tunnel nach einiger Zeit lichtete und dann sogar öffnete und wir immer noch sehr lebendig waren, schlichen wir

124

Im Winter (z.B. bei der Wolfsjagd) hilft heute der Motorschlitten, die großen Entfernungen zur Hütte zu überwinden.

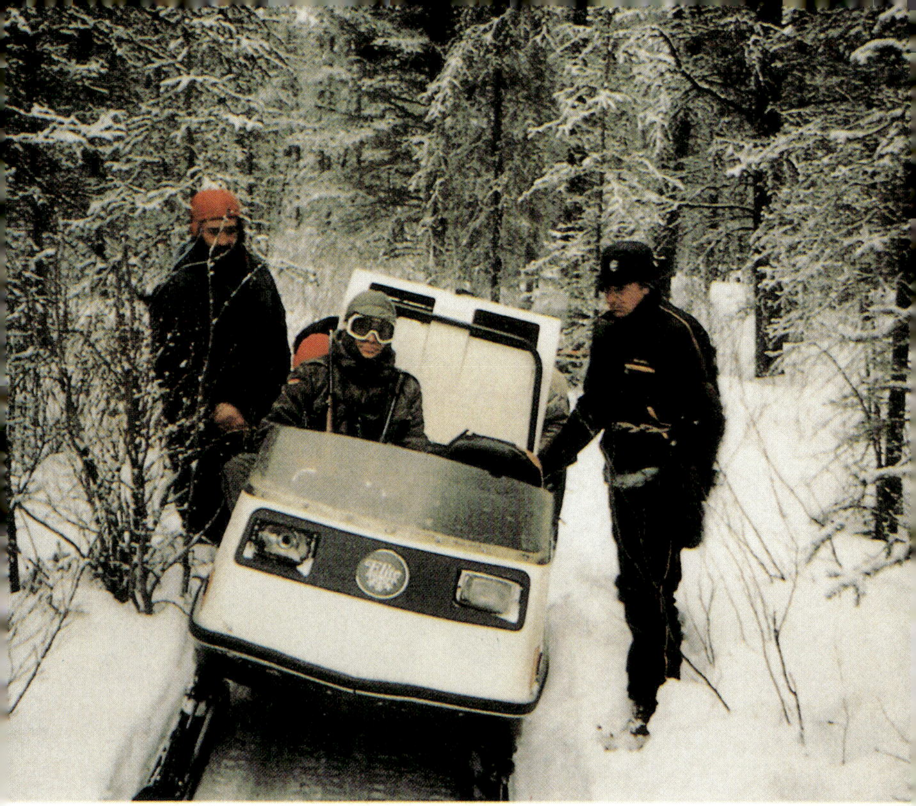

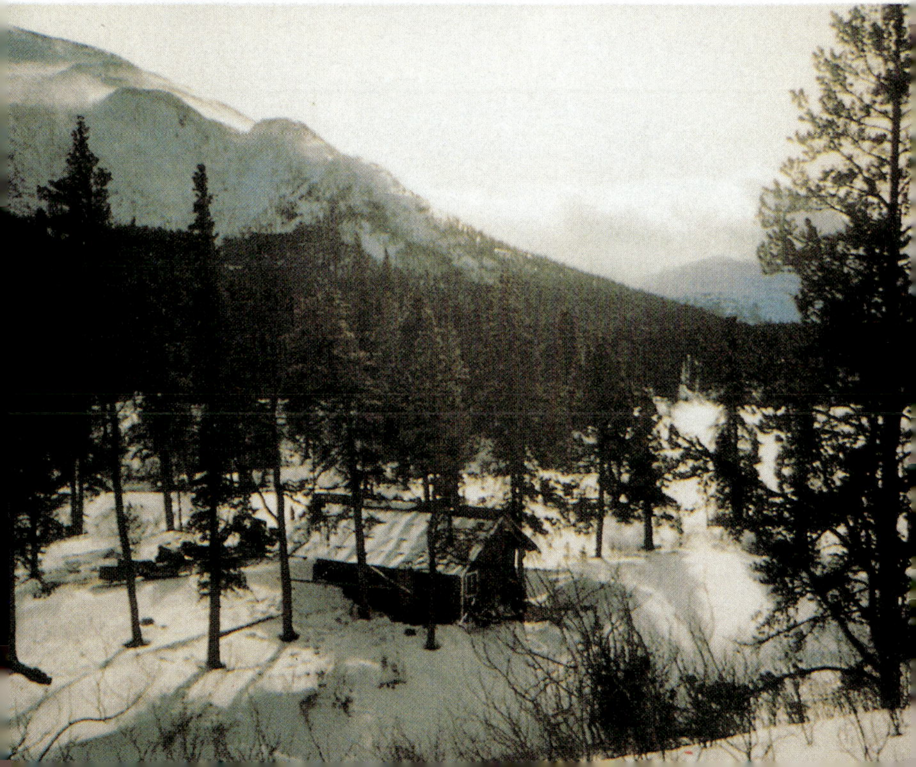

uns weiter vor und stießen bald auf das erste Bett, eine saubere, ovale Kuhle, etwa einen halben Meter tief, umgeben von weit verstreuten Lachsresten. Einige Fische schweißten noch – ein sicheres Zeichen, daß der König der Wildnis erst kürzlich gespeist hatte oder sogar durch unser Nahen aufgemüdet wurde.

Natürlich hatte Clayton mit seinem Widerstand recht gehabt. Es war wirklich heller Wahnsinn, sich ohne die geringste Notwendigkeit hierher zu begeben, wo der Gegner ungesehen bis auf wenige Meter herankommen konnte, was wenigstens einen von uns das Leben gekostet hätte.

Daß wir unbehelligt blieben, war wohl allein dem Umstand zu verdanken, daß die Grizzlies bei dem Überangebot an Leckerbissen satt und träge waren und sich faul davon machten, sobald sie unseren Wind in die Nase bekamen.

Im Inneren des Landes, wo der Bär täglich neu um seinen Lebensunterhalt kämpfen muß und hungrig und aggressiv ist, wären wir nicht so ungeschoren davongekommen, und Clayton hätte sich sicher nicht von mir breitschlagen lassen, bei diesem Hasard-Spiel mitzumachen. Natürlich kann man hier wie dort niemals eine sichere Prognose stellen, wie sich das Wild verhalten wird.

Wir schlugen unter Beachtung aller Sicherungsmaßnahmen einen Bogen, fanden glücklicherweise nur verlassene Lagerstätten und atmeten mit hörbarer Erleichterung auf, als wir aus der dämmriggrünen Hölle wieder an den lichten, breiten Fluß stießen. Über dieser Eskapade war der Vormittag vergangen.

Die Abendpirsch des vierten Tages glich eher einer Routine-Patrouille und war, offen gestanden, trotz der vielen Fährten regelrecht langweilig.

Unsere Waffen trugen wir selbstverständlich nach wie vor schußbereit, aber unsere Sinne waren längst nicht mehr so angespannt wie an den Tagen zuvor.

Wir platschten gerade etwas lustlos an einem umgestürzten Baumstamm vorbei, der längs das Flußbett trennte, als zehn Meter hinter uns auf der anderen Seite des dichten Wurzelwerks ein Höllenspektakel losbrach. Wasser spritzte auf, Felsbrocken klatschen von der Uferböschung in den Fluß, wir fuhren, die Waffen im Anschlag, blitzschnell herum und sahen nur noch einen

127

großen braunen, massigen Körper im Busch verschwinden.

Wir standen völlig sprachlos da und schüttelten nur fassungslos den Kopf. Da waren wir doch tatsächlich ahnungslos wenige Schritt an einem wahren Prachtexemplar vorbeigekommen und hätten nicht das geringste davon mitbekommen, wäre es nicht in unseren Wind geraten und wie eine Lokomotive davongebraust. So etwas nennt man denn wohl eine verpatzte Gelegenheit.

Jedenfalls hatte sie zur Folge, daß sich bei uns die gebotene Aufmerksamkeit schlagartig wieder einstellte. Als wir in neu erwachter Spannung um die nächste Biegung spähten, gewahrten wir einen Halbwüchsigen, der gerade einen fetten Lachs mundgerecht aufnahm und mit seiner Beute im Unterholz verschwand. Die Überdrüssigkeit war nun endgültig wie weggeblasen. Ob wir vielleicht, so überlegte ich, mittlerweile so viel des fauligen Fischgeruchs angenommen hatten, daß unser Wind weniger verdächtig geworden war? Auf dem Rückweg beobachteten wir noch zwei Zukunftsbären, die sich mit je einem Lachs im Fang ganz gemütlich auf dem Heimweg befanden.

Am nächsten Morgen, unserem fünften, erwachte ich voller Tatendrang. Bis jetzt hatten wir trotz der fortgeschrittenen Jahreszeit Glück mit dem Wetter gehabt, es war zwar kühl, aber trocken und sonnig. Als ich diesmal die Nase aus dem Fenster steckte, goß es in Strömen, ein Wetter, bei dem man keinen Hund vor die Tür gejagt hätte.

Aber es hätte auch Steine regnen können, heute war ich nicht zu bremsen. Ich hatte das unbestimmte Gefühl, daß unsere Zeit endlich gekommen war, und so hüllten wir uns in das vorsorglich mitgebrachte Regenzeug und zogen unverdrossen los.

Und wahrhaftig: 100 Meter hinter unserem Anlegeplatz sicherte aus dem Delta bereits ein Schwarzbär zu uns hinüber.

Ansprechen, ein gut sitzender Schuß, und er lag. Na also... Er war mein zweiter in dieser Saison, ein wirklich gutes Exemplar.

Da ich heute endlich das Glück auf meiner Seite wähnte, blieb er liegen, um auf dem Rückweg versorgt zu werden. Denn ich war ja gekommen, um mir meinen alten, kapitalen Grizzly zu holen.

Der Regen hatte etwas nachgelassen, aber nach wie vor war alles grau in grau, und dichte Nebelschwaden hingen zwischen den

Bäumen und über dem Fluß.

Am Ziel unserer Zwei-Kilometer-Strecke angekommen, beschlossen wir, unser Programm zu ändern. Statt umzukehren und am frühen Nachmittag zurückzukommen, hielten wir es für erfolgversprechender, hier einige Stunden auszuharren, um dann (früher als sonst nach der Abendpirsch) den Rückweg anzutreten. Wir suchten uns eine schützende Mulde, vesperten und dösten dann so vor uns hin. An ein erholsames Schläfchen war nicht zu denken, denn der Himmel hatte seine Schleusen erneut geöffnet, und es prasselte nur so auf unsere Regenhaut. Da wir nichts besseres zu tun hatten, beobachteten wir das andere Ufer und hofften auf das Austreten eines Bewohners, der jenseits des Flusses hauste.

Gegen halb vier wurden wir so steif, daß wir uns unbedingt ein wenig Bewegung verschaffen mußten. Clayton marschierte ein Stück den Fluß hinauf, während ich fröstelnd an Ort und Stelle blieb und meine gefühllosen Glieder rieb und so ganz nebenbei noch immer auf den gegenüberliedenden Waldsaum schaute.

Und dann, wie aus dem Nichts, stand „ER" dort. Massig und urig, nur 40 Meter entfernt, nahm er keinerlei Notiz von seiner Umgebung und trottete behäbig den Abhang zum Wasser hinunter. Ganz deutlich konnte ich durch das Glas seine Reißzähne sehen, und sogar seine Krallen waren durch die Nässe im Pelz dolchartig hervorgetreten. Welch ein Bild! Einen solch einmaligen Anblick auf kurze Entfernung bekommt man wirklich nur in ganz seltenen Glücksfällen zu Gesicht.

Trotz meiner Faszination beim Anblick der 400' Kilogramm Lebendgewicht, die von einem ausladenden Schädel gekrönt wurden, arbeitete mein Verstand messerscharf. Ich mußte schießen, und zwar sofort, denn bekäme er erst meinen Wind, bedeuteten die 40 Meter nur ein paar müde Sätze für ihn. Gegen meine Vernunft zögerte ich, konnte mich nicht entschließen, wollte den Augenblick des Schauens verlängern.

Der kapitale Bursche nahm mir die Entscheidung ab, als er sich ruckartig zu voller Höhe aufrichtete und in die Richtung, in der ich Clayton vermutete, sicherte. Der Zielstachel suchte besonnen die beste Stelle in der großen braunen Fläche, die nicht gerade in günstigster Position stand.

Während der Schuß durch die Stille brach, und ich die Beute nicht aus dem Auge ließ, lud ich sofort wieder durch. Verdammt, was war das? Wie kamen zwei Schuß in die Kammer? Ich konnte doch unmöglich zweimal repetiert haben. Schnell fummelte ich die zweite Patrone in das Magazin zurück, konzentriert auf einen eventuellen Angriff. Zur gleichen Zeit ein ohrenbetäubendes Brüllen, der Koloß drehte sich um die eigene Achse, Felsbrocken spritzten ins Wasser, drei wuchtige Sätze den Hang hinauf, und der Busch hatte ihn verschlungen, kein Klagen, kein Brechen, überhaupt nichts, als hätte ich die letzten Minuten nur geträumt.

Dann sah ich Clayton etwa 30 Meter von der Anschußstelle entfernt. Ich machte ihm Zeichen, daß ich „Ihn" erwischt hatte und daß er riesig sei. Clayton kam ohne Hast auf mich zu und setzte sich ungeachtet meiner Ungeduld, „meinen Bären" zu suchen, zu sehen, in Besitz zu nehmen, erst einmal auf einen Stamm. „Wohin hast Du gezielt?" – „Stich!"

„Bist Du ganz sicher?"

„Warum nicht Blatt?"

„Mein Gott, es war nicht möglich!" gab ich am Rande meiner Geduld zurück. „Ich hatte keine andere Wahl. Er stand nicht besser. Entweder wäre er entkommen, oder er hätte Hamburger aus Dir gemacht!"

Wie ich Claytons unbewegter Miene entnehmen konnte, war er weder von meinem Erfolg überzeugt noch von meinem Übereifer angesteckt. Lässig ging er mit mir zur Anschußstelle, zog ein paar Kreise, bestätigte anhand der Spuren, daß es ein wirklich einmaliges Exemplar gewesen sei und stellte nur lakonisch fest: „Kein Schweiß. Wir suchen ihn morgen. Haben heute auf dem Rückweg genug Arbeit mit dem Schwarzen."

Der Regen ging wie eine undurchdringliche Wand hernieder, und das Flußbett, das am Vormittag nur einige Fuß tief gewesen war, hatte sich auf etwa 30 Meter verbreitert und schwoll zusehends an. So stiefelten wir durch die schmutzigen braunen Fluten, ohne zu sehen, wohin wir traten, und als erster verlor Clayton die Balance und verschwand bis zur Brust zwischen Fischleichen. Mit schiefem Grinsen leerte er seine hohen Anglerstiefel und blickte seinem

Hut nach, der auf Nimmerwiedersehen davonsegelte.

Der Wasserspiegel stieg von Minute zu Minute, so daß wir immer öfter gezwungen waren, an den Waldesrand auszuweichen und uns durch das widerborstige Gebüsch zu zwängen. Notgedrungen mußten wir dem Vorwärtskommen viel zu viel Aufmerksamkeit schenken.

Hinter einer scharfen Biegung standen wir ruckartig, genau wie die zwei Grizzlies, die, von uns ebenso überrascht, auf der Stelle verharrten und zu uns herüber sicherten. Die Lage war verflixt brenzlig und unsere Waffen blitzschnell im Anschlag. Clayton nahm den größeren der beiden ins Visier und ich den kleineren.

Da sich mein Traum von einer Trophäe am Nachmittag bereits zu vollster Zufriedenheit erfüllt hatte, wollte ich nicht schießen, es sei denn, ich würde in Notwehr dazu gezwungen.

„Nimm Du den großen, ich halte den kleineren derweil in Schach, falls er angreifen sollte", hörte ich Clayton mit einer Stimme sagen, die kaum Widerspruch duldete.

Obwohl stehend und freihändig, sog sich der Zielstachel sicher im Leben fest, und ich drückte ab.

„Klick" machte es, und beide Bären spritzen durch das Wasser davon.

Mir war das völlig unbegreiflich. Ich wollte nachladen, aber der Verschluß klemmte. Bei näherem Hinsehen stellte ich fest, daß sich bereits eine Patrone im Lauf befand.

Mit klammen Fingern nestelte ich Sie heraus und stellte mit ungläubigem Entsetzen fest, daß ich eine leere Hülse in der Hand hielt. Bei der Vorstellung, was in dieser Situation hätte passieren können, lief mir trotz der Kälte noch ein zusätzlicher eisiger Schauer den Rücken herunter, und dann verwandelte sich mein Erschrecken in einen unbändigen Wutanfall über diese verdammte Waffe und über meinen Sohn Nic, der sie mir aufge-schwatzt hatte.

Nachdem ich genügend Luft abgelassen hatte, fiel mir ein, daß ich bereits nach meinem ersten Schuß am Nachmittag zwei Patronen im Lauf vorgefunden hatte, obwohl ich ganz sicher war, nur einmal repetiert zu haben.

Mir ging ein Licht auf. Die Auszieherkralle hatte versagt und die leere Hülse nicht ordnungsgemäß gefaßt, so daß ich beim Repetieren zwei vermeintliche Patronen sah, von der ich eine wieder in die Kammer zurückgeschoben hatte. Damit blieb die abgeschossene Hülse im Lauf. Ich durfte mir gar nicht näher ausmalen, welche Folgen ein eventueller Angriff hätte haben können.

Mit einem nicht sehr salonfähigen Fluch schleuderte ich die leere Hülse weg und brachte meine Waffe in Ordnung.

Wir strebten weiter dem Delta zu, wo trotz des Sauwetters der Schwarze vom Vormittag wenigsten grob aus der Decke geschlagen werden mußte.

Da bot sich zur Linken ein Bild, das man höchstens einmal als Starfoto in einem Jagdbuch bewundern kann. In etwa 130 Metern Entfernung stand hoch aufgerichtet auf einem umgestürzen Baumstamm mit einem zappelnden Lachs im Fang ein prachtvoller Schwarzbär als mächtige Silhouette gegen den abendlichen Himmel.

Obwohl ich zur Grizzly-Jagd hergekommen war und mit dem vom frühen Morgen schon zwei Schwarzbären in dieser Saison erlegt hatte, konnte ich bei diesem Prachtkerl nicht widerstehen und visierte ihn an. Als ich sah, wie der Lachs wild schlug, erbarmte ich mich seines Lebens und bewegte den rechten Zeigefinger.

Der Schwarze ließ den Fisch fahren, machte einen Satz vom Stamm und verschwand in einem Berg angeschwemmten Astwerks. Als wir seiner Spur folgten, drang uns ein eigenartig penetranter Geruch in die Nase, von dem uns geradzu übel würde, als wir den Bären gefunden hatten.

Offenbar hatte er uns mit einem ganz besonders verächtlich „letzten Gruß" bedacht. Da es bereits dämmerte und wir keine Zeit zu verlieren hatten, vertagten wir das Häuten auf den nächsten Tag.

Die Arbeit an unserer Beute vom Morgen beendeten wir so schnell wie möglich, denn wir waren trotz des Regenzeugs mittlerweile naß bis auf die Haut und hatten beide nur noch einen Wunsch: mit einem heißen Tee im Bauch unsere Beine am prasselnden Feuer in der Hütte auszustrecken.

Trotz des ereignisreichen Tages schien Clayton, dieser extrem in sich gekehrte Typ, zu einem größeren Palaver anscheinend wenig aufgelegt, so daß ich mich ausgiebig meinem Tagebuch widmen konnte.

Morgen stand uns eine Menge Arbeit bevor, wir mußten meinen Grizzly suchen und versorgen, den Schwarzbären vom Abend, das Fell von heute noch nachsäubern und dann alle drei gut salzen.

In Gedanken bei den Erlebnissen des Tages und dem, was durch das Versagen des Repetierers glücklicherweise nicht passiert war, schlief ich müde und zufrieden ein, während uns der Dampf der Wäsche einhüllte, die über dem Yukon-Ofen trocknete.

Es wurde eine Nacht mit Unterbrechungen. Unaufhörlich trommelte der Regen auf das lecke Dach, und in immer kürzeren Abständen mußte einer die Gefäße leeren, die wir unter die undichten Stellen geschoben hatten.

Am folgenden Morgen hatten wir einen beschwerlichen Weg vor uns, weil das Wasser noch weiter angestiegen und das Flußbett an keiner Stelle mehr begehbar war.

Zunächst begaben wir uns zum Anschuß des Grizzlys. Während der Nacht hatte der wolkenbruchartige Regen alle Spuren getilgt. Clayton schien etwas sagen zu wollen, benötigte aber offensichtlich einen längeren Anlauf dazu. „Heinz", meinte er dann endlich, ohne mich dabei anzuschauen, „wenn wir ihn im Umkreis von 100 Metern nicht finden, brechen wir ab."

Ich konnte mich zusammennehmen und zu einem Nicken zwingen, im Inneren rumorte es aber. Sollte ich vielleicht auf meinen Grizzly verzichten, dazu noch auf einen der besten, die ich je geschossen hatte? Das ließ mein Stolz einfach nicht zu. Und außerdem war ich der Waidgerechtigkeit und der Jagdethik verpflichtet, räsonierte meine europäisch erzogene Jägerseele.

Es dauerte eine Weile, bis meine aufgewühlten Gefühle wieder auf den Boden der Tatsache zurückfanden. Als erfahrener Großwildjäger wußte ich natürlich sehr gut, daß hier andere Spielregeln galten als unter europäischen Bedingungen, wo ein Stück mit einem Kammerschuß normalerweise in einem Radius von 100 Metern liegen mußte.

133

Ein Bär, der weidewund diese Grenze durchbricht, wird zum unberechenbaren und gnadenlosen Angreifer. Verborgen im Sumpf, hinter dichtem Gestrüpp oder in einer Mulde stellt er sich tot und wartet regungslos, bis der Jäger bis auf wenige Schritte herangekommen ist, um dann erbarmungslos zuzuschlagen.

Unter dem Eindruck dieser Risiken drangen wir in das dichte, von Dornbüschen durchsetzte Unterholz ein, sicherten uns zuerst gegenseitig aus wenigen Metern Abstand, der mit zunehmender Gewöhnung an die Situation immer größer wurde, bis wir uns schließlich nur noch in Rufweite befanden.

Schritt für Schritt tasteten wir uns vor und warfen immer wieder aus sicherer Entfernung Steine und Knüppel in diesen oder jenen verdächtigen Hinterhalt. Bei diesem Gelände war das Vorankommen wirklich eine Tortur, und nur selten konnten wir ein Stück weit einen der Wechsel benutzen. Dabei sollte sich der Leser aber keinen nach oben freien Elchwechsel vorstellen, von dem an anderer Stelle schon die Rede war. Ein ziehender Bär mißt eine Schulterhöhe von einem, maximal einem Meter und dreißig, so daß es sich um tunnelartige Röhren handelt, in denen man sich nur in geduckter Haltung vorwärtsschieben kann.

Als sich bei mir die ersten nagenden Zweifel einschlichen, entdeckte ich ihn endlich. Sein mächtiger dunkler Körper lag gut getarnt in einer düsteren Höhle aus Astwerk. Mein Atem stockte, gebannt starrte ich auf das Loch und lauerte auf eine Bewegung. Nach mir endlos vorkommenden Minuten wurde ich dreister und warf einen Stein, der zwar sein Ziel verfehlte, aber beim Aufprall so viel Lärm verursachte, daß sich jedes Lebewesen reflexartig gerührt hätte.

Meine Wurfgeschosse wurden größer, und einige Holzbrocken folgten. Eine solche Schau traute ich auch dem raffiniertesten seiner Species nicht zu. Er mußte verendet sein, und innerlich jubelte ich.

Ich brüllte meine Freudenbotschaft zu Clayton hinüber, der hastig durch das Unterholz brach und gleich mir aus etwa dreißig Metern Entfernung zu Knüppeln und Lehmbrocken griff, um das Bombardement sicherheitshalber zu wiederholen.

Da sich auch nach dieser zweiten massiven Attacke nichts rührte, konnten wir ziemlich sicher sein, nicht überrumpelt zu werden. Unser Atem ging vor freudiger Erregung schneller, als wir uns schrittweise vorwagten und endlich am Eingang des Unterschlupfes ankamen.

In der nächsten Sekunde ließen wir uns da, wo wir gerade standen, auf einen gestürzten Stamm fallen und würdigten unsere Beute keines Blickes mehr. Da hatten wir uns nun über drei Stunden bei diesem elenden Wetter durch Schlamm und Dickicht gekämpft, um in der freudigen Aussicht, endlich am Ziel zu sein, durch einen verrotteten Baumstumpf von beträchtlicher Größe genarrt zu werden.

Ich war nicht nur zutiefst enttäuscht wegen des entgangenen Lohnes all unserer Mühe, sondern in erster Linie unzufrieden mit mir selbst. Ich schämte mich, daß mir, einem guten und sicheren Schützen, so etwas passieren konnte und war auf dem Rückweg zum Fluß ziemlich zerknirscht.

Dort ließen wir uns trotz der Nässe nieder, um auszuruhen, und fingerten unseren Proviant aus den klebrigen, nassen Taschen. Jeder hing, vor sich hinmampfend, seinen Gedanken nach. Es war eine schweigende Übereinstimmung, die keiner Diskussion bedurfte; die Jagd war mit dem heutigen Tag beendet.

Der vor einer Woche nur wenige Fuß tiefe Wasserlauf war, nachdem es auch während der Nacht und am heutigen Morgen unaufhörlich geregnet hatte, zu einem reißenden Fluß angeschwollen. Die Wolken hingen düster und tief, es würde eine frühe Dämmerung geben. Also Zeit für uns aufzubrechen, denn durch die gewaltigen Fluten verdrängt, mußten wir die ganze Strecke durch das unwegsame Unterholz zurücklegen.

Nicht nur aus sämtlichen Kleidern, sondern auch aus Gläsern und Waffen troff das Wasser, aber ans Schießen dachte sowieso keiner mehr von uns. Wir verursachten absichtlich jede Menge Lärm, um mögliche Überraschungen so weit wie möglich auszuschalten.

Unseren Schwarzen von gestern brauchten wir nicht lange zu suchen. Schon von weitem drang uns wieder der üble Geruch in die Nase. Wir legten ihn zum Häuten zurecht und bemerkten, was uns gestern in der Eile und dem schwindenden Tageslicht entgangen war: Er wirkte so überaus mächtig, weil sein Körper wie ein Ballon aufgebläht war. Das Waidloch hing faustgroß heraus, und die Brunftkugeln waren überdimensional angeschwollen. Ich hatte keinen prächtigen „Baribal" erlegt, sondern einen Haufen lebendigen Elends von seinem Leiden erlöst. Die typischen tief in den Bauch gehenden Wunden ließen darauf schließen, daß der stattliche Bursche seine Kräfte überschätzt und es mit einem Grizzly aufgenommen hatte. Erstaunlicherweise besaß er noch eine vorzügliche Decke, die wir trotz des ekelhaften Gestanks mitnahmen. Zuerst schleppten wir Sie, das letzte Stück zum Boot zogen wir sie im Wasser hinter uns her.

Als wir ausgepumpt endlich die Anlegestelle erreichten, sahen meine müden Augen nichts von einem Boot.

Etwa 50 Meter weit draußen schaukelte es samt dem Wurzelstock auf den Wellen und konnte nur mit Mühe geborgen werden.

Mich plagte das schlechte Gewissen, weil ich täglich gleich zweimal über Clayton gefeixt hatte, wenn er in seiner überaus gewissenhaften Art um das Festmachen des Kahns besorgt gewesen war. Ganz davon abgesehen, daß wir müde und zerschunden waren, bei den in dieser Jahreszeit herrschenden Wassertemperaturen hätte es keiner von uns geschafft, den See schwimmend zu überqueren.

Stunden später, am bullernden Ofen, bereicherte ich meine Tagebuchaufzeichnungen um die Ereignisse dieses letzten Jagdtages und schloß sie mit den Worten: „Hahn hat Ruh!"

Von meiner Grizzly-Jagd kam ich also mit zwei Schwarzbärendecken zurück. Ich lächelte etwas säuerlich vor mich hin, als ich daran dachte, wie ich am ersten Tag meine Trophäe vom Hüttenfenster aus hatte holen wollen. Aber es war trotz allem eine schöne Zeit gewesen.

Nach zwei geruhsamen Gammeltagen kreiste pünktlich die Maschine, der wir unser „Abmarschbereit" signalisierten.

Kaum wieder zu Hause angekommen, knöpfte ich mir meinen Sohn Nic vor und revanchierte mich für seine zehn Tage zurückliegende Standpauke. Ich machte ihm erregt heftigste Vorwürfe, weil er eine solch unzuverlässige Waffe führte.

Er war weniger schuldbewußt, als ich es den Tatsachen nach für angemessen hielt, und fragte, ob ich denn auch die richtige

Munition eingekauft habe.

Etwas hämisch gab ich ihm zu verstehen, daß ich ausnahmsweise einmal gleiches vergolten und mich ungefragt und großzügig aus seiner Munitionskiste bedient hätte.

Seine Augen wurden ganz weit vor Schreck. Was ich ihm da, ohne es einer genaueren Prüfung zu unterziehen, stibitzt hatte, war seine 175-grain-Munition, die für Weitschüsse auf Wild bis Damhirschgröße bestimmt war. In Erkenntnis dieses Fehlgriffs fuhr mir der letzte Schauer dieses Grizzly-Abenteuers über den Rücken.

Kanadischer Jagdunternehmer

Immer wieder einmal versuchten mich Freunde zu überreden,
meine Erlebnisse mit europäischen Gastjägern niederzuschrei-
ben. Sicher nicht deshalb, um den Hintergrund meines „Traumbe-
rufs" aufzuhellen, sondern mehr um der „Sensatiönchen" willen,
die sich um manche Trophäe ranken, ohne jemals publiziert oder
in weinfroher Runde vom glücklichen Schützen berichtet worden
zu sein.
Bisher habe ich mich erfolgreich dagegen gesträubt, denn auch ein
Mindestmaß von Diskretion gehört zu diesem Geschäft, zu seinen
Zwängen − und zur harten Arbeit. (Meine Frau dagegen

behauptet weiter hartnäckig, mein Job sei allenfalls ein Hobby, von ernsthaftem Geschäft könne wohl keine Rede sein.)

Fraglos tut sich ein Zwiespalt auf: Ich darf unmittelbar am Rande der kanadischen Wildnis leben, einer bezaubernden und gesunden Landschaft mit ihrem urigen Wild und allen sich daraus ergebenden Vorteilen für einen passionierten Jäger. Andererseits habe ich vertrauensvollen Umgang mit Menschen zu pflegen, mit Jagdgästen, eigenwilligen oft, die meinen ganzen Einsatz fordern und erwarten dürfen. Verträge abschließen, organisieren, informieren, persönlich beraten und mit Fingerspitzengefühl notfalls auch einmal schlichten sind der Alltag in diesem „Traumberuf", den dauerhaft auszuüben nur mit viel Einsatz und Fleiß möglich ist.

Weil das Jagdmanagement aber auch viele heitere bis nachdenklich machende Situationen mit sich bringt, wäre es schade, wenn nicht wenigstens die eine oder andere Story über den Kreis der Beteiligten hinaus bekannt würde, zumal ich gerade unter „Problemgästen" die treuesten Kunden und Freunde gefunden habe. Nicht zuletzt werfen die Erlebnisse auch ein Schlaglicht auf meine eigene Entwicklung in diesem Beruf, auf den längst noch nicht abgeschlossenen Zuwachs an Erfahrung – und auf die „Ironie des Schicksals": „Wenn's besonders gut klappen soll, steckt mit Sicherheit irgendwo der Wurm drin!"

Pannen bleiben besonders gut im Gedächtnis haften, wenn man nicht zu den Verdrängungs-Lebenskünstlern gehört. Und mit Pannen war der Weg gesäumt, auf dem ich voller Ehrgeiz, den besten Jagdservice in B.C. anbieten zu können, zu wandeln gedachte. Die Stolpersteine, hier als wahre Begebenheiten niedergeschrieben, blieben selbstredend nicht aus.

Der Anfang meines selbstgewählten Aufgabengebietes fiel mir relativ schwer. Das Wichtigste schien mir zunächst einmal, mir einen möglichst guten Namen zu verschaffen, ohne in das übliche Schema im Jagdvermittlungsgeschäft zu verfallen, in dem bombastische Werbung mehr zählt als sachbezogene Information und Leistung.

Auch hierzulande war der Neubeginn nicht eben einfach: Mit einiger Skepsis beobachteten einheimische Jäger und die Outfitter als meine Partner diesen Neuankömmling mit seinen fremdartigen Ideen über Jagd, Jagdorganisation, ja, sogar seine Einstellungen gegenüber dem Wild und seinem Lebensraum.

Wie in allen ländlich-konservativen Regionen der Erde tun sich auch in Kanada „Reformer" schwer, sind Veränderungen nur äußerst zäh voranzutreiben. Lediglich einige wenige lokale Outfitter wußten überhaupt mit dem in jagdkultureller Tradition aufgewachsenen und mit Brauchtum überladenen europäischen Jäger sonderlich viel anzufangen. Nur das magische Wort „Geld" und „more money" ließ sie aufhorchen und bewirkte, daß man sich wenigstens in langen Gesprächen mit meinen Ideen vertraut zu machen versuchte.

Endlos waren die Diskussionen, in denen Informationen und Hinweise geduldig an den Mann gebracht werden mußten, um nicht schon vor dem Zusammentreffen von Jagdführern und ihren Gästen – unabhängig von deren sprachlichen Fähigkeiten – Frust und Chaos zu provozieren.

Als ich meinte, eine halbwegs tragbare Basis gefunden zu haben, erschienen die ersten Gäste, jeder einzelne eine Herausforderung und Aufregung für mich, jeder ein Individualist mit eigenen Ansichten, Vorstellungen, Wünschen und Forderungen und meist aus Gesellschaftsschichten stammend, denen ein Befehlston nicht fremd ist.

Einer dieser Jagdgäste zog meine besondere Aufmerksamkeit auf sich: Er war bescheiden und freundlich, mit allen meinen Vorschlägen sofort einverstanden, doch leider nicht nur mit seinen 100 Kilogramm Gewicht, sondern auch einer Fußverletzung und einer lädierten Hüfte nicht eben der Typ des himmelstürmenden Sportsmannes. Dennoch: Die ruhige, äußerst nette Art dieses Gentleman der „alten Schule" gefiel mir.

Zu den Eigenarten der durch die Angelsachsen geprägten Westkanadier gehört es, keine persönlichen Fragen zu stellen, wenn man nicht unbedingt dazu animiert wird. Ich hielt mich an diese Spielregel und wußte von ihm nur seinen Namen, sein Alter, woher er kam und daß er seinen Obulus pünktlich überwiesen hatte. Neben anderen Jagdmöglichkeiten hatte er sich brieflich auch über die Flugwildjagd auf Enten und Gänse erkundigt, die selbstverständlich möglich war. Deshalb wohl brachte er seinen guten deutschen Luxus-Drilling als Waffe mit, den Stolz seines Waffenschrankes. Ich beschloß spontan, diesen Gast selbst zu führen, was er mit einem dankbaren Lächeln quittierte.

Im Laufe der Zeit kamen wir uns näher, und ich wagte ihn zu fragen, was er beruflich so treibe. Seine Antwort war für mich als Anfänger im Jagdmanagement nicht eben beruhigend und traf mich wie ein Faustschlag: „Oberkreisdirektor" sagte er fast entschuldigend. „Das ist nicht nur ein hohes Verwaltungs-Tier", dachte ich blitzartig, „sondern auch der Chef der Jagdbehörde eines ganzen Landkreises. Dieser Mann mußte einfach Jagderfolg haben, wenn ich meinen Ruf nicht schon nach den ersten Gästen in halb Deutschland verspielen will."

Mit einiger Sorge beobachtete ich die Folgen seiner Kriegsverletzungen, sein Körpergewicht – und seinen schönen Drilling. All das paßte nicht so ganz in das Bild der vor uns liegenden Wildnisjagd. Auf meine vorsichtige Frage bezüglich seiner Reitkunst winkte der geborene Ostpreuße schmunzelnd mit der kurzen Bemerkung ab: „Habe den ganzen Rußlandfeldzug im Sattel zugebracht!" Nur insgeheim setzte ich hinzu: „Ja, vor 35 Jahren...!" Um ganz sicherzugehen, gab ich ihm eines meiner eigenen Pferde, den ruhigen und kleinen „Star", den ich über hundert Meilen zum Basislager gekarrt hatte. Vergnügt war das Pferd von der Ladefläche meines Pick-up gestiegen, unbeeindruckt von der Rumpelfahrt, doch sichtlich froh, wieder festen Boden unter den Hufen zu haben. Was zu tun war, war getan. Jetzt ging es nur noch um den Jagderfolg, der für mein junges Unternehmen einen gewaltigen Fortschritt bringen würde.

Der Aufstieg in die paradiesische Bergwelt der Crooked Mountains, nicht allzuweit von meiner heutigen Jagdhütte, konnte beginnen. Die Packpferde standen beladen hintereinander, dazwischen die Reitpferde der Führer und der anderen Jagdgäste. Alle schauten wir erwartungsvoll bergan, denn schon auf dem Weg zur ersten Hütte in etwa 1600 Metern Höhe konnten wir Elchen, Bären und Maultierhirschen begegnen.

Für den ostpreußischen Elchjäger mußte es zwar merkwürdig erscheinen, daß wir Elche auch im Berg vermuteten, denn nach seiner Vorstellung gehören sumpfige Täler und der Urhirsch zusammen. Wahrscheinlich tröstete er sich mit der Vorstellung, oben erst einmal einen Schwarzbären zu bekommen und später dann in den Niederungen auf den Elch zu jagen.

Der Packzug war fertig zum Abmarsch, die Reiter aufgesessen, die Lasten sämtlich noch einmal überprüft. „Alles klar. Es geht los!" Auch die Pferde schienen auf den Start gewartet zu haben. Im letzten Moment gab der den Zug anführende Cowboy noch eine knappe Anweisung: Willy, wie Jagdgast Wilhelm sofort „verenglischt" worden war, sollte in die vorderste Reihe aufrücken. Gehorsam trieb er „Star" an und versuchte, das kleine Pferd an der Kette der wartenden Tiere vorbeizudirigieren. Doch mein „Star" war für die anderen Pferde ein Fremder, ein Außenseiter. Man sah es deutlich an ihren angelegten Ohren. Mit ihren großen Hinterteilen drehten sie sich in seine Richtung, wenn er an ihnen vorbeizog.

Aus heiterem Himmel ein dumpfes Geräusch: Pferde tänzelten herum, Reiter schrien und versuchten, die Tiere zu bändigen. Gerätschaften klapperten, irgendwo dazwischen hörte man ein brechendes Krachen. Susi, die alte Giftkröte von einem überdimensionalen Packpferd, hatte ihre 600 Kilogramm geballte Energie in ihre Hinterhufe gepackt und dem kleinen „Star" beim Passieren mit Wucht in die Seite gedonnert. Das gute, alte kleine Pferdchen kippte schlichtweg auf die Seite – und mit ihm „Willy". Mein Puls stockte. Welch ein Desaster, bevor die Jagd überhaupt angefangen hatte! Man hob ihn auf, obwohl „Star" noch immer zappelnd um sich schlug, und stellte ihn auf die Beine. Ich erkannte, daß das gesamte Gewicht des Pferdeleibes auf dem gesunden Fuß des Jagdgastes gelandet war. Wahrscheinlich stand er noch unter Schock, denn Schmerz schien er keinen zu verspüren.

Und dann auch das noch: So kurz ist doch kein Drilling im Futteral! Ein Schrecken durchlief mich, als ich mir den Schaden am Sattelzeug von „Star" näher ansehen wollte. Mit spitzen Fingern zog ich am Schaft der teuren Waffe – und hatte diesen, und nur diesen, in der Hand. Gleich in drei Teile war die Waffe zerbrochen! Stehenden Fußes hätte ich im Boden versinken

142

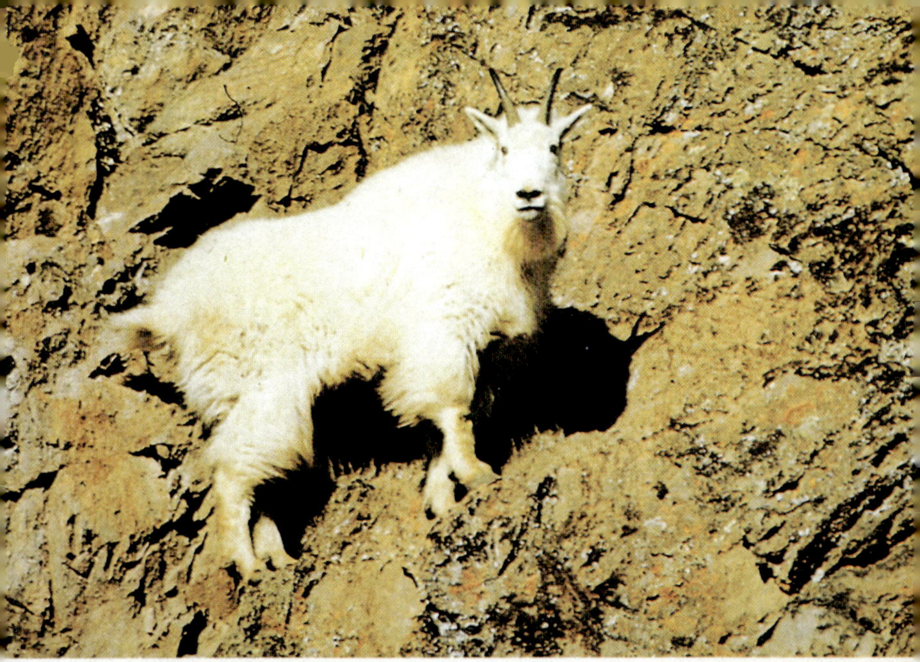

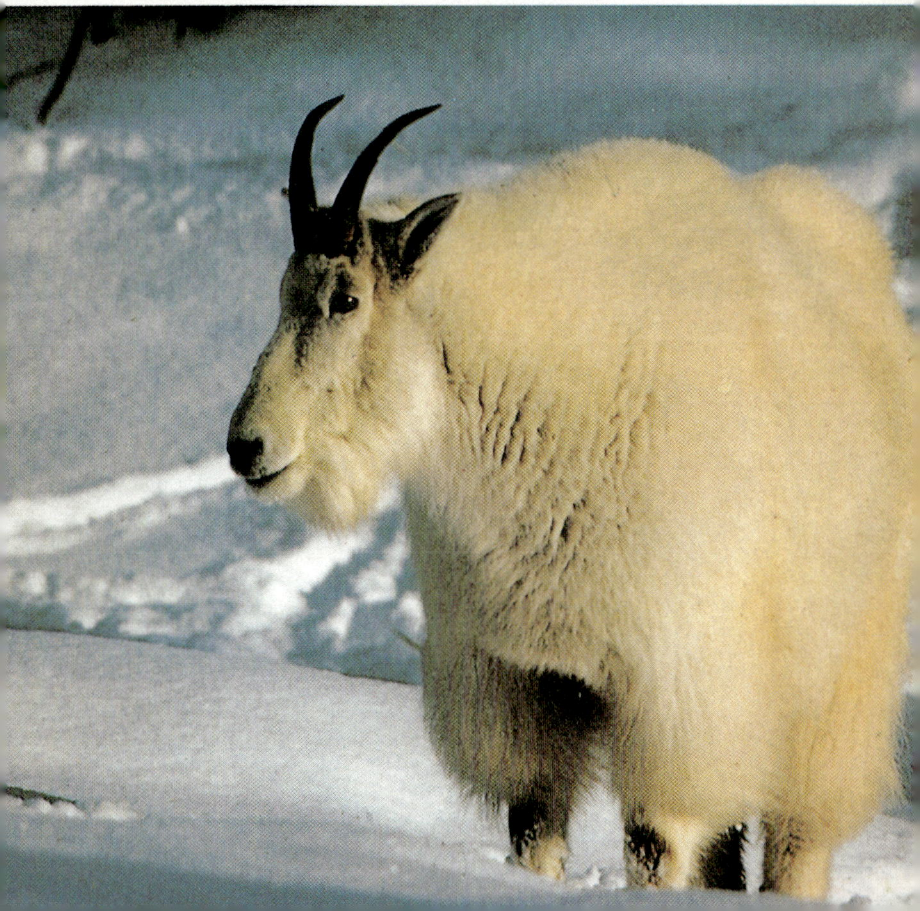

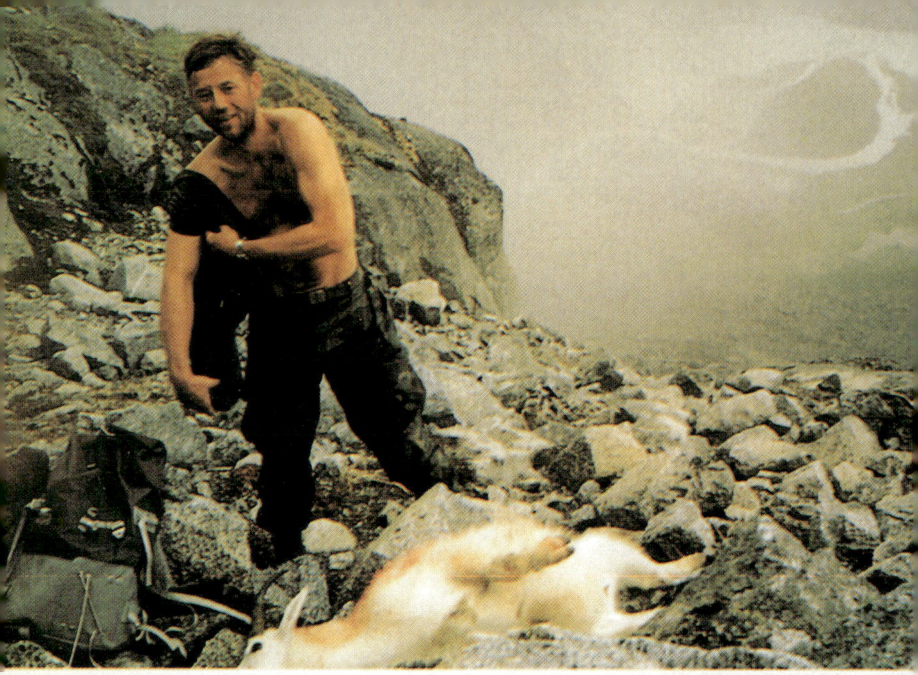
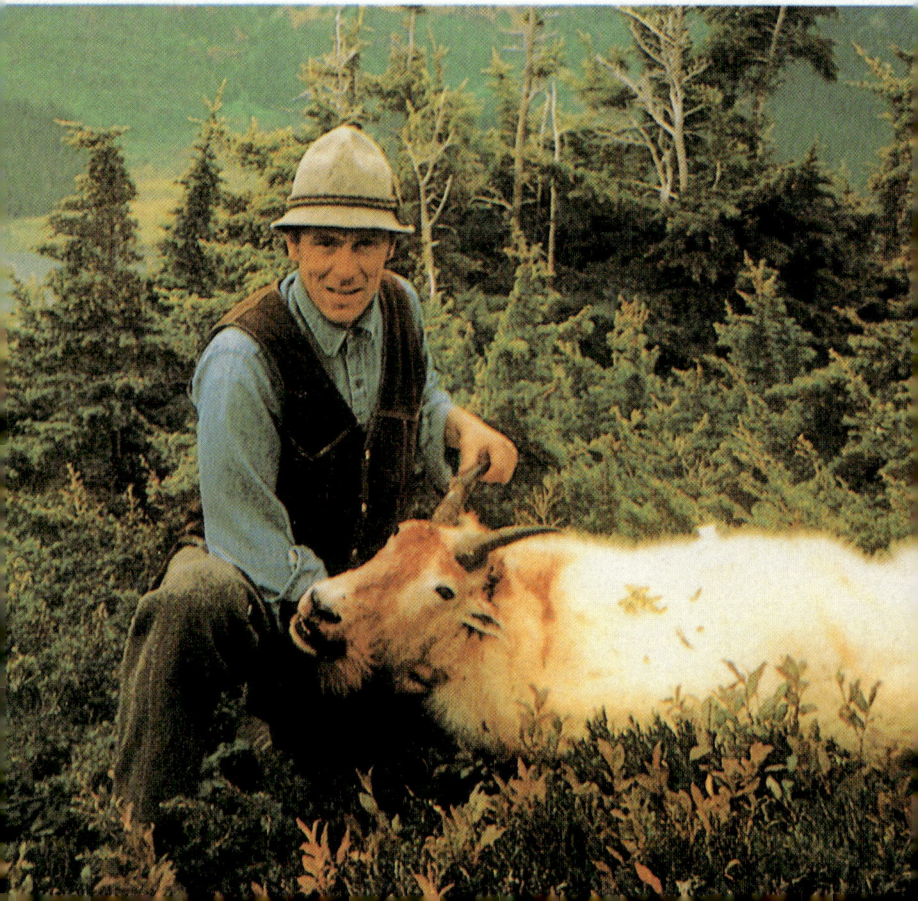

mögen, hätte mir mein Jagdgast nicht ziemlich unwirsch zu verstehen gegeben, daß man wegen solcher Kleinigkeiten gefälligst nicht so viele Umstände machen und zur Tagesordnung, sprich Weiterritt, übergehen möge. Doch nur mit einiger Hilfe vermochte er wieder aufzusitzen. Schnell schob ich ihm meine .30-06-Krico in sein Futteral, denn unbewaffnet sollte er nun doch nicht ins Jagdcamp reiten, worauf er mit Bestimmtheit bestand. Abbruch oder Rückkehr kamen für ihn nicht in Frage. Er schaffte den Ritt mit zusammengebissenen Zähnen und lehnte jede Sonderbehandlung ab. Nur aus den Augenwinkeln traute ich mich, ihn immer wieder zu beobachten: Willy mußte entsetzlich leiden. Als ich ihn im Lager dann auch noch bei der Inspektion seiner Beine überraschte, war für mich alles klar: Für ihn war die Jagd zu Ende, noch ehe sie begonnen hatte.

Ein gutes Jahrzehnt ist seit dem Vorfall verstrichen. Willy ging bald danach in Pension und beehrte uns jedes Jahr mit einem Besuch. Bald sah er ein: „Die Jagd in der Wildnis ist für mich leider vorüber. Aber auf Kanada verzichten, das will ich nicht."

Er kaufte sich eine Ranch in unserer Nachbarschaft. Und wenn er heute bei uns vorbeikommt, berichtet er stolz: „Heute waren wieder Elchkühe mit Kälbern unmittelbar vor meinem Fenster."

Seinen Kanada-Traum hat er sich auf seine Art verwirklicht: Die Erinnerung an die ostpreußische Heimat wird wachgehalten durch „seine" Elche, die er heute als Standwild auf eigenem Land beobachten kann. Doch jeder, der ihn in der herbstlichen Jagdzeit besuchen will, weiß, daß man gefälligst Schießgewehre jeder Art besser zuhause läßt.

Die Jagd auf dieses Wild ist ebenso schweißtreibend wie auf Schafe. Die äußerlich bescheidene Trophäe birgt für viele dafür einen umso größeren Erlebniswert.

Die Spezial-Wolfsjagd

Seit Jahren stören mich die immer wiederkehrenden Anzeigen in der Jagdpresse, die zur Wolfsjagd nach Kanada einladen. Mit unglaublichen Versprechungen, Billig-Angeboten und einer guten Portion Unverschämtheit werden gutgläubige Jäger ins Land geholt oder geschickt, die mit ziemlicher Sicherheit als „Schneider" heimkehren werden. Nicht etwa deshalb, weil keine Wölfe vorhanden wären. Im Gegenteil: In den nördlichen Gebieten leidet das Land zuweilen unter einer regelrechten Wolfsplage. Werden die Bestände an Schneeziegen, Bergschafen, Caribous oder Elchen erheblich dezimiert, so ist das in den wenigsten Fällen eine Folge von Überbejagung, sondern liegt an der beängstigenden Zunahme der Wölfe. Einer durchgreifenden

Regulierung steht die von „Naturschützern" angeheizte Politik entgegen, die bislang eine wirkungsvolle Kontrolle der grauen Räuber verhindert hat.

Mit den waidmännischen Methoden einer selektiven Trophäenjagd sind die unsteten Wolfsrudel so gut wie gar nicht zu regulieren. Outfitter und Farmer greifen deshalb zu weniger humanen Methoden, häufig toleriert vom blinden Auge des Gesetzes. Manchmal überkommt die Jäger und Trapper auch die heilige Wut, wenn sie Situationen erleben, wie sie von zwei meiner Jagdführer geschildert wurden: Im hohen Schnee hetzte ein Rudel Wölfe ein kleines Elchrudel bis zu deren totaler Erschöpfung. Die hochläufigen Riesen steckten bis zum Leib im Schnee und waren nicht in der Lage, sich zu rühren oder sich gar noch zu verteidigen. In aller Ruhe machten sich die Wölfe daran, die saftigen Hinterkeulen der im Schnee festgehaltenen Elche anzuschneiden – und zwar nur diese, bei einem Stück nach dem anderen.

Wölfe können einen immer wieder mit ihren scharfen Sinnen und ihrer Gerissenheit beeindrucken. Sie sind heimlich und von großer Ausdauer. Flink, behende und leise bewegen sie sich in den Weiten des Landes. In Fallen sind sie kaum zu fangen, und selbst mit dem heimtückischen Giftköder ist ihnen selten beizukommen. Dem waidgerechten Jäger bleibt auf der Wolfsjagd nur eine Chance: das Glück – und das ist, wie das Leben so lehrt, oft sehr ungleich verteilt. Es gibt eine ganze Reihe von Jägern, die nur ihren Schaufler oder einen Bären erlegen wollten und mit einem oder zwei kapitalen Wölfen aus dem Busch zurückkamen. „Naja, er kam gerade vorbei, und der Jäger zischte shoot!"

Die Devise bei Wölfen, so illegal es ist, heißt hierzulande meist „Erst schießen und sich dann am Kopf kratzen, wie man sich nachträglich eine Lizenz besorgen kann." Glücklicherweise ist für Kanadier der Wolfsabschuß lizenzfrei.

Bei meinen alljährlichen Europa-Aufenthalten werde ich fast stets auf Wölfe angesprochen. So war das auch Ende 1983 bei einem bekannten deutschen Fürsten, dessen Gast ich war. Fast verlegen äußerte er, daß er auf annähernd alles jagdbare Wild der Erde erfolgreich gejagt hatte, doch ein Wolf lag bislang nicht auf seiner Strecke. Jetzt sah ich meine Chance gekommen: Endlich konnte ich mich für viele Jagdeinladungen in die mustergültig gehegten fürstlichen Reviere revanchieren. „Meinem" Fürsten einen Wolf zu verschaffen, wurde zur Ehrensache.

Noch von Deutschland aus rief ich Ed an, den uns inzwischen bereits bekannten Outfitter am Alaska Highway. Sein „shure" (sicher ist das möglich) in Sachen Wolfsjagd klang so überzeugend, daß ich nicht nur alle Zweifel am erfolgreichen Ausgang der geplanten „Jagdparty" beiseite schob, sondern während des Schüsseltreibens dem deutschen Altbundespräsidenten stolz verriet, daß unser beider Jagdherr, der Fürst, im kommenden März zur Wolfsjagd zu mir nach Kanada kommen werde. Auch die äußerst charmante Fürstin ließ sich von meiner Begeisterung so anstecken, daß ich befürchten mußte, sie ebenfalls begrüßen zu dürfen; eine tiefverschneite Trapperhütte allerdings würde gewisse Komplikationen aufwerfen.

Alle Beteiligten wußten, daß die Winterjagd auf den Wolf kein Sonntagnachmittags-Spaziergang werden würde. Doch irgenwelche Bedenken hatte ich nicht, war mir doch hinreichend bekannt, daß der durch und durch passionierte Aristokrat und sein junger Forstdirektor, der mitkommen sollte, sich vor Strapazen nicht scheuten, sofern sie in Zusammenhang mit der Jagd stehen.

Bevor ich mich in Deutschland verabschiedete, gingen wir noch die Ausrüstungsliste bei einigen Gläsern edlen Tropfens aus den hochherrschaftlichen Kellergewölben durch und begannen, die Tage bis zum Jagdbeginn zu zählen.

Laut Plan hatte sich, nicht ganz legal, eine halbe Kuh auf der Mitte des zugefrorenen Sees zu „verirren". Da weite Strecken im Schnee zurückzulegen waren, standen für uns drei zwei Motorschlitten bereit. Dazu kamen die Eds, zwei weitere Jagdführer und die Lasten-Anhänger. Alles in allem, so stellte ich bei der Ankunft im Hauptlager fest, war die Jagd gut vorbereitet. Lediglich die reichlich verlotterten Motorschlitten machten keinen sehr beruhigenden Eindruck. Sie würden jedoch sicher nicht gleichzeitig den Geist aufgeben, beschwichtigte ich mich selbst, denn Durchlaucht im nordischen Winter erfrieren und von Wölfen auffressen zu lassen, wäre nicht die beste Werbung für mein Organisationstalent. Ed erklärte uns strahlend, daß die Ranz der Wölfe begonnen habe. Die ersten verheißungsvollen Spurenbilder seien schon in der Nähe des Hauptcamps gefunden worden. Dem Aufbruch unserer stinkenden und knatternden Karawane stand so nichts mehr im Wege. Nur spärlich verschneit war die Landschaft; das Stimmungsbarometer stieg, auch wenn die Qualmwolken des Zweitaktgemisches aus den ohrenbetäubenden Motoren mittlerweile böse im Halse kratzten.

Es war lustig anzuschauen, wie sich meine beiden Gäste am Steuer des „snowmobile" versuchten. Als sie meine Schadenfreude ob ihrer Fahrkünste bemerkten, durfte ich wieder übernehmen – und setzte das Gefährt gegen den übernächsten Baum. Vor Ed hätte ich im Schnee versinken mögen: Die große Beule an der Vorderfront war mir recht peinlich.

Die Blockhütte war kein fürstliches Schloß, aber trocken und warm, in diesen Breiten unabdingbare Voraussetzung für eine gute Jagd. Am nächsten Morgen begannen wir im nur wenige Zentimeter tiefen Schnee getrennt zu pirschen. Eine Gruppe nahm sich den See vor, die zweite ging auf der Schlittenspur zurück. Die Temperatur lag bei nur minus zehn Grad: in diesem trockenen Binnenlandklima überaus angenehm.

Auf den beiden etwa zwei Kilometer auseinanderliegenden Seen deponierten wir als Köder Teile eines Rindes, bauten uns Ansitzschirme und machten es uns so bequem wie möglich. Insgeheim war ich zufrieden, europäische Jäger um mich zu haben. Ein nordamerikanischer Jäger ist nicht dazu zu bewegen, länger als eine Stunde auf einem Platz auszuharren. Auf Wölfe waidwerken aber heißt, sich in Geduld zu üben – und dazu gehört nun einmal der lange Ansitz.

Neben Ed, der aus der Ukraine stammt, waren auch seine beiden Jagdführer emigrierte Ukrainer. Zu allem Überfluß trugen sie auch noch russische Fellmützen, die sie aus Jux mit dem Stern des Seagrams-Whisky geziert hatten. Ihre prägnanten Gesichter, die hervorstehenden Backenknochen und ihre derbe Art zu reden, vermischt mit russischen Sprachfetzen, gab dem ganzen Ambiente einen Hauch tiefsten Sibiriens. Die „roten Milizen" zeigten uns in den ersten Tagen alle Pirschmöglichkeiten von unserer Hütte aus, bereiteten noch ausreichend Feuerholz für uns vor, um uns dann unserem Schicksal zu überlassen.

Jeden Abend zur vereinbarten Stunde krächzte das Funkgerät blechern durch die Stille. Gloria, Eds Frau, gab uns die Neuigkeiten aus der Welt jenseits der Bergwälder durch, während wir bislang nur von erfolgloser Wolfsjagd berichten konnten

Unsere vorsichtigen Streifzüge führten uns jedes Mal tiefer in die verschneite Urwelt, wobei eine ganze Anzahl oft frischer Wolfsspuren unsere Hoffnung auf Jagdglück nährte. Hungrig, müde und durchgefroren sehnten wir uns an jedem Spätnachmittag nach der wohligen Wärme der Blockhütte. Sehnsuchtsvoll lauschten wir, wenn das lange, markdurchdringende Heulen eines Wolfes irgenwo in der Ferne zu vernehmen war.

Allmählich machte sich in mir die übliche Nervosität, die Sorge um den Jagderfolg bemerkbar. Hatte ich meinen Gästen unüberlegt zu viel Hoffnung gemacht oder gar Versprechungen abgegeben, die ich jetzt einzuhalten nicht in der Lage war? Aber Ed hatte doch gesagt, daß wir gute Chancen hätten. Auf Eds Wort kann man sich verlassen. Warum sollte er übertreiben.

In seinem ureigenen Interesse lag doch nicht nur eine Reduktion der Wölfe, sondern auch bei günstigem Ausgang der Jagd die positive Werbung für sein wunderschönes „Revier"

Der nächste Morgen glitzerte vor Kälte. Nebel zog in kleinen Schwaden über die Seen und Kuppen. Nichts rührte sich, kein Vogel zwitscherte. Verlockend knisterte es im Yukonofen in der Mitte der Hütte. Doch der Fürst begab sich wieder zu seinem vielversprechenden Ansitz, während ich mit dem Forstdirektor den Rand des anderen Sees ableuchtete. Bei nunmehr minus 28 Grad machten wir uns auf; unsere Pirsch würde auch heute wieder einige Stunden dauern.

Die Hütte lag nur etwa 800 Meter hinter uns, als wir uns auf dem Eis einer Landzunge näherten, Keine 200 Meter jenseits der Halbinsel stand plötzlich ein Wolf auf der weiten Eisfläche, der uns jedoch bereits ausgemacht hatte und sichernd verharrte. Leben kam in uns beide. Stehend freihändig wollten wir es nicht auf dieses relativ kleine Ziel versuchen. Deshalb rannten wir, auf dem glatten Eis immer wieder schlitternd und einmal der Länge nach hinschlagend, auf die Landzunge zu. Dort versuchten wir, einen halbwegs stabilen Busch zum Anstreichen zu finden, und ließen uns fallen.

Der Wolf wußte anscheinend, was hier gespielt wurde: In rascher Flucht setzte er sich in die entgegengesetzte Richtung ab. Keuchend und schnaufend waren wir endlich schußbereit. Was dann geschah, hätte ein Außenstehender eher für einen Kleinkrieg gehalten als für fröhliches Jagen: Das Echo einer Serie von den übers Eis peitschenden Schüssen zerriß in schrecklicher Klarheit die Stille. Abprallende Querschläger summten und pfiffen.

Hatten wir zuerst noch zu zielen versucht, so leerten wir alsbald nur noch die Magazine in Richtung auf den fliehenden Wolf, getragen von der vagen Hoffnung, daß sich eine Kugel doch noch verirren und den kleinen Punkt auf dem Eis treffen könnte. Mit einem mächtigen Satz hetzte der Graue ans Ufer, warf noch einmal seine Rute in die Luft und war im Buschwerk verschwunden.

Lange blieben wir im Schnee liegen und schauten uns in feiner Mischung von Freude und Enttäuschung an. Wir hatten immerhin eine Chance gehabt. Das von uns gespielte „russische Roulette" hatte der Graue souverän gemeistert: Auch auf der Kontrollsuche einige hundert Meter übers Eis war kein Zeichen dafür zu finden, daß Isegrim mit Blei in Berührung gekommen wäre. Soll er laufen – zu ändern ist nichts mehr, denn dem Raubwild zu folgen, schien absolut unsinnig: Selbst wenn noch Artgenossen in der Gegend gewesen wären, sie hätten sich längst aus dem Schnee-Staub gemacht.

Früher als üblich begaben wir uns an diesem Tag zur schäbigen Hütte zurück, weil wir vermuteten, daß der Fürst, durch die Kanonade neugierig geworden, ebenfalls zum Blockhaus zurückgekommen sein könnte, um uns beim Zählen der Bälge zu helfen.

„Daheim" brachten wir den Ofen wieder auf volle Leistung, kochten Tee und schlürften Tasse um Tasse leer. Der Fürst aber ließ nichts von sich hören. Ganz wohl war uns nicht, doch für eine Suchaktion bestand zumindest jetzt noch kein Anlaß. Womöglich verpatzten wir ihm damit nur eine jagdliche Situation. Auch verirren konnte sich der passionierte Jäger hier nicht, zu eindeutig waren die Landmarken und die Uferlinien der Seen.

Als schon die Dämmerung hereingebrochen war, hörten wir es draußen knirschen: Wie „Väterchen Frost" persönlich kam der Fürst herein. Er hatte in seinem Schirm durchgehalten, bis ihn die Tageszeit zur Rückkehr gezwungen hatte. Daß die Schießerei nicht zu Waidmannsheil geführt hatte, bedauerte er aufrichtig, während er sich in Ofennähe mit aufwärmte.

Welch Bild eines Jägers, dachte ich mir. Hier hast du einen Mann vor dir, der sich jede Jagd und alles Wild auch bequemer erkaufen könnte, und der doch noch keine Wolfstrophäe sein eigen nennen konnte. Wie oft hatte er es schon in Kanada und Alaska versucht, wie jetzt zusammen mit mir, auf fairer Jagd zum Ziel zu kommen? Immer wieder hatten ihm die listenreichen Vertreter der Sippe Isegrim ein Schnippchen geschlagen. Und dennoch wollte er seine Beute nicht auf die „billige Tour", unter Einsatz moderner Technik wie Flugzeug oder Hubschrauber, illegal zwar, aber „machbar" ist so vieles für manche Leute, die es sich leisten können.

Aus einer bis dahin dankbaren Verbundenheit meinem jagdlichen Gastgeber gegenüber erwuchs mit einmal eine tiefe Anerkennung und Hochachtung. Nicht sonderlich vielen Jägern aus Europa gelingt die innere Integration in unsere Art zu jagen in dieser rauhen und primitiven Umwelt. Schnörkelloser und prosaischer als beim durch Kultur und Brauchtum „überhöhten" Waidwerk jenseits des Ozeans wird hier im Norden zur Sache gegangen, aber vielleicht manchmal ehrlicher, weil keiner sich verstecken kann hinter ordensbefrachteten grünen Röcken und jagdpäpstlichen Reden.

Mehr Zeit für jagdphilosophische Phantasien blieb nicht, denn Durchlaucht hatte es verdient, endlich aus seinem Eispanzer befreit zu werden.

„Und ihr habt wirklich keinen einzigen geschossen?" fragte er ungläubig. „Na, dann habt ihr euch wenigstens eingeschossen!" Seine Augen lächelten uns Mut zu, denn sonderlich euphorisch dürften wir kaum auf ihn gewirkt haben.

152

Lange hockten wir beim „Tee mit Beigeschmack" und aßen ausgiebig, mit Tischsitten allerdings, die zu Hause im Schloß beim Personal höchste Verwunderung hervorgerufen hätten.

Noch weitere fünf Tage froren wir während der täglichen Streifzüge und Ansitze. Die Kälte kroch trotz der guten Ausrüstung von unten her bis in die Haarspitzen, daß diese nur so knisterten. War es beim Ansitz nicht mehr auszuhalten, begannen wir zu pirschen, um den Kreislauf wieder in Gang zu bringen. Unter dem Daunenzeug wurde uns rasch wieder warm, doch unsere Gesichter schienen spröde wie Glas zu werden. Von Wölfen waren nur Spuren zu sehen, von kleinen Rudeln vor allem, die sich in Hochzeitsstimmung befanden, Irgendwann, so glaubten wir, mußten sie doch von unseren Ködern Wind bekommen. Oder hatten sie gar bemerkt, so witzelten wir, daß Ed ihnen eine alte Kuh andrehen wollte?

Den Spuren nach zu urteilen, hatten sie das Rindfleisch wohl auch gar nicht nötig, denn immer wieder bemerkten wir Wolfsspuren in den Fährten von Elch und Caribou, die augenscheinlich kreuz und quer durchs Land getrieben wurden. Nur um uns schlugen sie einen respektvollen Bogen. Die Wolfsjagd mit dem Fürsten hatte ich mir ein wenig einfacher vorgestellt. Der Gewinn aus dieser statistisch erfolglosen Jagd lag in der Tatsache, daß ich einem echten Waidmann, einem sympathischen Jagdpartner begegnet bin, der mir zusammen mit seinem mitgereisten Forstmann bestätigte, daß es noch Männer gibt, bei denen das urige Jagderlebnis noch vor der erbeuteten Trophäe rangiert. Beide haben mir später ein Fotoalbum mit Bildern von unseren gemeinsamen Erlebnissen geschickt, ein Buch, das bei mir seinen Ehrenplatz gefunden hat. Noch nie habe ich so nette, dankbare und anerkennende Zeilen von einem Gast erhalten – und das trotz unserer vergeblichen Jagdbemühungen.

Wie stehen diese Worte doch im Gegensatz zu seitenlangen Beschwerdebriefen, wenn ein „Kunde" nur drei statt der vier „gebuchten" Wildarten zur Strecke brachte oder die Trophäen nicht ganz so kapital ausfielen, wie es sich der Jäger erträumt hat. Oft habe ich mit Freunden diskutiert, woran es liegen mag, daß man Menschen so richtig erst beim Jagen, Bergsteigen, Segeln oder anderen „Outdoor"-Abenteuern kennenlernen kann. Einer meinte wohl recht treffend, daß sich ein Mensch gerade in solch schwierigem Umfeld nicht mehr verstellen kann: Sein wahres Gesicht offenbart sich in den Streßsituationen. Sehr schnell wird deutlich, wer nur Mitläufer und wer ehrlicher Partner ist.

Der Jagdjournalist

Da traf ich in Deutschland mit einem Mann um die 40 Jahre zusammen, der etwas über die Jagd in Kanada wissen wollte. Er wollte unendlich viel, wie es schien alles wissen und machte sich verdächtig viele Notizen. Um nicht neugierig oder gar nervös zu erscheinen, zog ich einige Erkundigungen über ihn ein, um zu erfahren, wer er ist und was er wirklich von mir wollte. Zu meiner Überraschung stellte sich heraus, daß der Mann mit dem wohlklingenden Namen einer der bekanntesten Jagdjournalisten war, dekoriert mit allen möglichen jagdlichen und journalistischen Auszeichnungen, Experte in afrikanischen Naturschutz- und Jagdfragen, Mitglied eines Jagdverbands-Präsidiums und darüberhinaus noch Chefredakteur einer regionalen Jagdzeitschrift. Vor allem die letztere Position machte ihn für mich interessant, denn wenn man faire Jagdangebote anzubieten hat, braucht man auch Leute, die darüber reden — besser noch schreiben.

Alljährlich werden wir freilich von einer Vielzahl von Filmleuten, Journalisten und solchen, die sich dafür ausgeben, angeschrieben oder angerufen. Der Standardsatz kommt früher oder später: „Wenn sie mir eine freie Jagd auf Elch, Grizzly etc. geben, dann drehe ich Ihnen einen Film, schreibe ich Ihnen einen Artikel, der bestimmt große Resonanz haben wird..."

Von solcher Art Geschäfte kann weder unsere Organisation und schon gar nicht der einzelne Outfitter leben, dem nur die relativ kurze Jagdzeit für seine Gäste zur Verfügung steht.

Auf der gleichen Tour reiten übrigens eine ganze Anzahl von „Jagdvermittlern" mit einem Küchentisch als Büro und einem Briefkasten als Geschäftsadresse. Wer einen Blick in die Jagdzeitschriften wirft, kann ihr Kommen und Verschwinden fast im Jahreslauf verfolgen. Nur wirkliche „Profis" im Jagdgeschäft können sich auf Dauer halten; das „Lehrgeld" aber zahlen in allen Fällen zunächst einmal viele enttäuschte Jäger.

Mein aggressiv wirkender „Vollblutjournalist", der seinen Informationsauftrag der Jägerschaft gegenüber offenbar ziemlich ernst nimmt, nichtsdestoweniger aber auch passionierter Jäger ist, hatte sich allem Anschein nach entschlossen, sich der Sache „Jagd in Kanada" recht gründlich anzunehmen, wie man das außerhalb der deutschen Grenzen allen Germanen nachsagt.

Jetzt war mir langsam nicht mehr ganz geheuer, denn er wollte, das geschilderte Klischee Lügen strafend, keinerlei Privilegien in Anspruch nehmen. Eine ganz normale, möglichst nicht zu teure Jagd wollte er buchen, bei der man auch ein bißchen körperlich gefordert werde. Sportlich seien er und sein Partner – ein gleichaltriger Erfolgs-Manager aus der Industrie –, sie hätten beide Jagderfahrung, könnten reiten und die Angstschwelle sitze hoch.

Der Gedanke mit der „billigen" Jagd war mir insofern recht, als er damit europaweit den falschen Eindruck korrigieren könnte, daß sich die Jagd in Kanada nur Millionäre zu leisten vermögen. Aber der Rest gefiel mir nicht sonderlich: Trophäenchancen und Komfort steigen mit den Preisen – auch und gerade bei der Wildnisjagd. Ich hatte aber eine Jagd im Angebot, die ich als „rauh und anstrengend. Nur für junge Leute" ausgeschrieben hatte. Und die wollten sie haben.

„Very demanding" (sehr bestimmt) überzeugte er mich, daß eben diese die richtige Jagd sei — und er über sie berichten wolle, wie immer sie ausfalle.

Ich wartete noch immer auf das „Was bekomme ich dafür?" Es kam nichts — was wiederum zu meiner Verwirrung beitrug. Die Reizworte „Outfitter ist hauptberuflich Trapper und Jäger" haben den Zeitungsmann wohl zu sehr angesprochen. „Dann soll er eben.." dachte ich, „was er wissen muß, habe ich ihm erzählt."

Das Risiko, daß die Jagd in die Hose gehen könnte, mußte ich eingehen. Doch traute ich dem so unbeugsam gradlinig erscheinenden Mann soviel Fairness und geistige Flexibilität zu, daß er auch einen negativen Eindruck nicht auf die ganze „Kanada-Jagd" übertragen würde. Die Chance auf Elch und Bär war selbstverständlich auch bei dieser einfachen Jagd gegeben.

Der Jagdbeginn stand vor der Tür — und mit ihm die beiden deutschen Jäger mit Ausrüstung und dem störenden Notizblock. Daß sie sich auf die kommenden Wochen im Busch wie Lausbuben freuten, konnte man ihnen deutlich anmerken. Dem 26jährigen kanadischen Outfitter, ihrem Gastgeber, gab ich kurze Instruktionen: „Mach' alles Mögliche, aber diese beiden müssen zufrieden zurückkommen! Sie können reiten und möchten jagdlich alles erleben, was es hier zu erleben gibt!" — „Shure" grinste der Trapper und verschwand mit ihnen für die nächsten beiden Wochen im Busch.

Die Tage vergingen. Ich hatte die beiden fast vergessen, weil die Hauptsaison begonnen hatte und viele andere Jagdgäste eintrafen, die umsorgt werden wollten. An einem späten Abend fuhr der Kleinlaster des Outfitters vor meinem Haus vor. Zwei männliche Gestalten wälzten sich aus der Beifahrer-Tür des kleinen Pick-up. Ein kurzes Grinsen, nur erkenntlich an den aufblitzenden Zähnen, sollte wohl die Begrüßung darstellen, vielleicht sogar Freundlichkeit oder wenigstens Höflichkeit signalisieren. Ich ahnte Fürchterliches und sah meine Karriere als Jagdunternehmer vondannen gleiten, denn auf der offenen Ladefläche des Lasters lag zwar eine Menge Ausrüstung herum, aber weder Haar noch Knochen, was auf erfolgreiche Jagd hindeuten könnte. Verdächtigerweise wollte sich auch der Outfitter gleich wieder verdrücken. Meine hinter mir erscheinende Frau ahnte intuitiv, daß hier etwas nicht ganz in Ordnung war, und schlich sich wieder ins Haus, um den Kaffeepott aufzusetzen.

Da kamen dann die beiden etwas steif, aber durchaus freundlich auf mich zu und wollten wissen, warum hier alle so belämmert herumstehen. Ich muß wieder ein zu dummes Gesicht gemacht haben: Mein Journalist und sein mitjagender Wissenschaftler sahen entsetzlich aus. Trotz ihrer zerzausten Haare und langen Bärte, hohlen Augen und einer Schicht Dreck konnte man sehen, daß beide einige Kilos abgenommen hatten.

Ihre Geschichte hörte sich dann nach einer langen Dusche – ich wußte bis dahin nicht, wie lange sich ein Mann im Badezimmer beschäftigen kann – etwa so an:

Recht selbstbewußt hatten sie bei der Ankunft im Camp ihrem reichlich verwilderten Outfitter klarzumachen versucht, daß sie so ziemlich alles mitmachen würden – zu Fuß oder auf Pferderücken, denn jagdlich und körperlich seien sie fit. Das gefiel dem kanadischen Trapper, der jahraus, jahrein nichts anderes tut, als in den Wäldern zu arbeiten, Pferde zuzureiten, durch dick und dünn seinem Wild (vornehmlich Bibern, Luchsen und anderen Pelztieren) nachzustellen, Berge und Bäume zu erklettern.

Solch ein Dauertraining hält nun wirklich „fit", wenngleich die Maßstäbe wohl etwas unterschiedlich anzulegen sein dürften: Zwei Welten stießen da aufeinander. Man redete gewissermaßen aneinander vorbei, obwohl beide Gäste ordentliches Englisch sprachen – vielleicht gerade deshalb. Was die beiden Europäer, beide um die vierzig Jahre alt, unter „fit" verstanden, war nicht unbedingt identisch mit dem, was ein kanadischer Fallensteller ganz selbstverständlich von sich selbst zu fordern gezwungen ist. Der fühlte sich durch die Selbstsicherheit seiner Jagdgäste eher angespornt, ja sogar herausgefordert.

Man kann sich unschwer vorstellen, was sich auf dieser Jagdexpedition zugetragen hat. Da ging es nicht nur die Berge hinauf und hinunter, waren Gewaltmärsche und -ritte an der Tagesordnung – vor allem auch das „Wie" war ausschlaggebend. Kaum ein europäischer Reiter ist jemals durch Sümpfe geritten, hat Seen und Flußläufe durchschwommen. Kaum ein noch so gutwilliger

Deutscher kann sich vorstellen, wie einfach, spartanisch und manchmal auch phlegmatisch simpel sich so ein „bushed person" („verbuschter Mensch") geben kann.

Kopfschüttelnd berichteten beispielsweise unsere beiden Jäger, daß auf den Aufbau des Bergcamps nicht viel Sorgfalt verwendet wurde. Ein Plastik-Überdach über das Zelt hörte just an der Seitenwand auf. Und weil es munter regnete, rauschte das Wasser innen und außen an den Wänden herunter. „Was soll's, so lange wir nicht naß werden..." war der einzige Kommentar des Trappers, assistiert von einem indianischen Guide, der sich schon lange nicht mehr zu den Aktivitäten der Deutschen geäußert hatte, die sich laufend bemühten, das Lager wenigstens halbwegs wohnlich zu gestalten.

Das zusätzliche Unglück wollte es, daß zwar immer wieder einmal kurz Elche und Bären gesichtet wurden, eine echte Chance jedoch so gut wie nicht zustandekam. Ein Verzweiflungsschuß richtete nicht einmal Flurschaden an.

Allmählich war den beiden aufgegangen, was ich im Vorgespräch mit meinen warnenden Worten gemeint hatte, von wegen „einfache Jagd für sportliche junge Leute..." Ihr Ehrgeiz aber hatte es nicht zugelassen, den Jagd-Marathon auf ein Normalmaß körperlicher Strapazen zu reduzieren oder die bis zum Schluß erfolglose Jagd gänzlich abzubrechen. Und der Outfitter fühlte sich ob dieser Hartnäckigkeit eher noch mehr animiert.

„Das einzige, was wir draußen eigentlich noch wollten, war, uns selbst zu beweisen, daß uns dieser Bengel nicht kleinbekommt" meinte der Journalist und erzählte von einem älteren Herrn, den sie in einem anderen Camp getroffen hatten. Der gut Sechzigjährige war von einer österreichischen Agentur in das Gebiet geschickt worden und befand sich schon am zweiten Jagdtag mit Nerven und Kondition am Ende. Dabei hatte er bereits einen Elchschaufler erlegen können.

Auf ein vernichtendes Urteil über die Kanada-Jagd allgemein und meine Tätigkeit im besonderen war ich nun vorbereitet. Doch ein Schuldspruch kam nicht, was mich wieder einmal stutzig machte, denn gar nichts verlief bei dieser Party nach Klischee. Sie buchten das Desaster auf die Habenseite ihres Erfahrungs-Kontos, meinten, die Jagdtage dennoch genossen zu haben und erwiesen sich als echte Jäger und das, was man im Englischen mit „sportsmen" bezeichnet. Ich war überrascht, um nicht zu sagen begeistert von den beiden. Fraglos hatten auch sie mit der einen oder anderen Trophäe gerechnet, körperlich alles gegeben, und waren dennoch ohne Beute aus dem Busch zurückgekehrt, ohne mit der Welt und vor allem mit mir zu hadern.

Wieder einmal hatte ich Grund, mich über so viel waidmännisches Verhalten zu freuen. Solche Jäger sind für mich zehnfacher Ausgleich für jene, über die zu berichten ich nicht wage.

Die Bergziegenjagd

Zwei Jahre später kam der Jagdjournalist wieder. Diesmal wollte ich ihm das andere Extrem der Kanada-Jagd zeigen: ein hervorragendes Revier im Norden, in dem Grizzly und Bergziege neben anderen Wildarten zahlreich vorkommen. Dazu ist das Gebiet relativ leicht zu begehen; Bären können sogar von einem Ansitz aus geschossen werden. Diesen wichtigen Vertreter der schreibenden Zunft noch einmal zu enttäuschen, konnte und wollte ich mir nicht erlauben.

Daß ich mich entschloß, ihn selbst zu führen, hatte mehrfache Gründe: Einmal wollte ich auch in jenem Jahr wieder privat mit einem Jäger unterwegs sein, von dem ich annehmen konnte, daß es Spaß machen würde, mit ihm zu jagen. Dessen war ich mir nach vielen weiteren Gesprächen mit dem jagenden Vertreter der

161

schreibenden Zunft sicher. Für meine Jagdgäste habe ich zwar über einhundert Jagdführer auf dem Kontinent zur Verfügung, doch diesmal wollte ich es wieder einmal selbst wissen. Zum anderen sind alle Jagden im hohen Norden von B.C. nicht billig, denn der Guide allein kostet schon um die 200 Dollar pro Tag. Diese Kosten konnten wir uns ersparen. Und drittens gehe ich ohnehin mindestens einmal im Jahr mit einem europäischen Jagdfreund in den Busch. Warum also nicht mit einem so fairen und passionierten Waidmann, bei dem ich mich dazu noch tief in der Kreide fühlte.

Mit meinem Allrad-Kombi fuhren wir so weit wie möglich in den Norden, um uns dann vom letztmöglichen Flugplatz aus ins Camp einfliegen zu lassen. Glücklicher- und nützlicherweise hatte mein Gast Zeit, ein stets hilfreicher Umstand in unserer reichlich „zeitlosen" nördlichen Lebensgemeinschaft, die so stark von den Unwägbarkeiten der Natur abhängig ist und die Menschen geformt hat.

Das Flugwetter war nicht eben günstig, doch Buschpiloten schrecken ein paar tiefhängende Wolken wenig. Meinem Gast machten weder die unbequeme Sitzposition inmitten der Seesäcke, noch die reichlichen Turbulenzen etwas aus. Im Gegenteil: Er genoß den Flug mit dem Wasserflugzeug in vollen Zügen. Wilde, teils weiße Wasser, lange Höhenzüge und Täler, tiefblaue einsame Seen wechselten sich in ständiger Folge ab. Für sein geübtes Auge in Sachen Natur war klar: Wir befanden uns mittlerweile eine Flugstunde von den letzten Ausläufern der Zivilisation entfernt und brummten über eine unbeschreiblich schöne Wildnis dahin, die durch kein noch so winziges Anzeichen menschlicher Zivilisation gestört wurde. Daß selbst da unten nicht unter jedem Baum ein Elch äsen oder ein Bär ziehen konnte, war meinem Gast längst klar. Nur so erkläre ich mir seine Bemerkung beim Landen, die etwa lautete: „Verrückt, schon allein das Hiersein ist ein Erlebnis!" Das gefiel mir ungemein, hatte ich doch offenbar wieder einen Jäger dabei, der mit offenen, verständigen und kundigen Augen die uns hier noch verbliebenen letzten jagdlichen Paradiese der nördlichen Halbkugel zu schätzen wußte. Wer einmal über den europäischen Voralpen- und Alpen-

Raum geflogen ist und sich alle Häuser, Straßen, land- und forst-
wirtschaftliche Anpflanzungen wegdenkt – der hat in etwa das
Bild des nördlichen B.C. vor sich.

Begrenzte Nahrungsverhältnisse, harte Winter und eine
weitgehend natürliche Regulation durch das Wechselspiel der
Räuber- und Beute-Beziehungen aber halten den Wildbestand
trotz aller ungestörter Ruhe in bescheidenen Grenzen – nicht zu
vergleichen mit den europäischen Wildvorkommen, die sich erst
im Gefolge der intensiveren Landbewirschaftung und der Aus-
schaltung des Großraubwildes auf einen üppigen Stand
vermehren konnten.

Mit einigem störenden Lärm schwammen wir mit dem Floatplane
einem verwitterten Blockhaus zu. Von seinem Besitzer, dem
Outfitter Igor, hatten wir die Erlaubnis erhalten, es einige Tage
lang nach Belieben zu benutzen und nach Herzenslust auf die Jagd
zu gehen. Schnell luden wir aus. Mit ohrenbetäubendem Lärm
hob das gecharterte Wasserflugzeug wieder ab. Das Echo
donnerte in den Bergen noch lange nach. Doch dann Stille,
absoluter, unvorstellbarer Friede.

Nach der turbulenten Anreise setzen wir uns inmitten unseres
Gepäcks zuerst einmal auf einen Baumstamm und blickten in
völliger Entspannung über das Wasser, in dem sich die Hügel und
teilweise schneebedeckten Berggipfel spiegelten: 200 Kilometer
weg vom letzten Holzfällerweg und nur auf dem Luftweg zu
erreichen.

Die geräumige Hütte war zwar einfach, aber sehr sauber: Vier
Bankbetten, ein Gasherd und ein Yukonofen, Tisch und rauhe
Sitzbänke neben einigen Regalen bildeten das Inventar. Nicht
weit vom Haus am „Landungssteg" – ein ins Wasser gestürzter
Baumriese – ein Aluminiumboot, ein Räucherhäuschen und, am
sogenannten „Outhouse", die Trophäe eines Elches von etwa 140
cm Auslage, die irgendwer im Busch gefunden hatte.

„Hier sind wir richtig", dachte wohl jeder für sich.

Noch am selben Nachmittag machten wir uns auf, um auf einem
Pirschpfad den Bären-Hochsitz zu suchen. Natürlich fanden wir
ihn nicht, obwohl wir bis auf wenige Meter an ihn herangekommen waren – nach stundenlangem Kampf durch Sumpf

und Weidengebüsch. Mit dem Boot ist man bequem in 20 Minuten dort. Müde und zerkratzt kehrten wir für die erste Nacht zum Blockhaus zurück. Unseren Schlaf störten auch die kleinen Untermieter nicht.

Nach dem Morgentee wollten wir es erneut, diesmal mit dem Boot, versuchen, den uns beschriebenen günstigen Ansitzplatz am Auslauf des Sees zu finden. Ganz nebenbei ließ mein Gast eine Angelschnur mit Blinker ins Wasser fallen, die wir beim Rudern hinter uns herziehen wollten. Wir waren nur wenige Meter auf dem spiegelglatten See unterwegs, als es schon kräftig an der Schnur zog und zappelte. Innerhalb einer Minute hatte der angehende Bärenjäger seine erste Forelle gefangen.

Was ihm offensichtlich viel Freude machte, denn alsbald dachte er nicht mehr an Bären, sondern nur noch an Lachse und Forellen, die nach dem Blinker schnappten, als wäre es die einzige Köstlichkeit im See. Die Zeit verstrich. „Bitte keinen Jagdstreß", meinte mein Begleiter, der sich mühte, einen Drei-Kilo-Lachs zu drillen.

Gegen Mittag vernahmen wir ein Zivilisationsgeräusch schon von weit her: Igor fiel wie eine Wildgans mit seiner Cessna 185 auf dem See ein. Allen Ernstes erkundigte er sich: „Habt ihr schon einen Bären, daß ihr euch die Zeit zum Angeln nehmt?" Wir hatten selbstredend nicht, worauf Igor uns erklärte, daß er nur vorbeigekommen sei, um uns die Pirschpfade und Ansitze zu zeigen. Danach wollte er zu einem anderen See in seinem Territorium weiterfliegen, um an einem neuen Blockhaus zu bauen.

„Als erstes zeige ich euch den Grizzly-Hochsitz. Bei einigem Glück könnt ihr noch heute abend einen Braunen erlegen. Doch wenn ihr Geduld habt, könnt ihr euch in wenigen Tagen den größten aussuchen. Danach fliege ich euch zum Bergziegen-Camp. Sagen wir so in vier Tagen. Den Rest der Zeit, nachdem der Bär aus der Decke geschlagen ist, solltet ihr dort drüben fischen. Ihr erlebt euer Wunder!" Dabei wies er auf einen Arm des Sees, der stark mit Wasserpflanzen durchsetzt war.

Gesprächig saßen wir beisammen und lauschten vor allem den Beschreibungen des Outfitters, der enthusiastisch sein Gebiet schilderte, seine Jagdmöglichkeiten und Stützpunkte. Der Mittvierziger ist so ganz nebenbei Arzt in Smithers, der sich aber in der Jagdzeit vertreten läßt und im unberührten Busch verschwindet. Um Gebiet und Flugzeug unterhalten zu können, führt er in jedem Jahr ein paar Jagdgäste.

Das „Bärenproblem" war für den asketischen Mediziner so gut wie gelöst. Eifrig dachte der 196 Zentimeter große Bergsteiger und begeisterte Buschpilot schon weiter und beschrieb uns sein Bergziegen-Camp, von dem aus ein Bock auch schon am ersten Tag zu holen sein würde. Dann wollten wir von See zu See fliegen, um dem deutschen Gast das herrliche Land und die darin versteckten weiteren Jagdcamps zu zeigen.

Gegen neun Uhr abends löschten wir die Gaslampe; eingebettet in die Sicherheit erfolgversprechener Jagdmöglichkeiten, zufrieden und optimistisch, erfüllte leises Schnarchen den Raum, während es im Yukonofen hin und wieder knackte.

In aller Frühe brachte uns Igor mit dem Boot über den See zum Bärenhochsitz. Am Nachmittag sollten wir hier ansitzen, um den Bären noch vor Einbruch der Dunkelheit bergen zu können.

Während wir langsam dem alten Biberdamm entgegenglitten, bemerkte ich bei Igor eine gewisse Unruhe. Diese schien sich zu steigern, als wir an Land neben dem Damm standen, der sich just am Auslauf des etwa 1,5 km langen Sees befand. Schweigend führte er uns zum Hochsitz, der ideal in einen Baum hineingebaut worden war und optimale Sicht auf Fluß, Biberdamm und das Hinterland ermöglichte, eine teils überwachsene, teils offene Elch-Spielwiese. Die Schußentfernung zum Fluß betrug zwischen 40 und 80 Meter, je nachdem, an welcher Stelle die Bären täglich zum Fischen ans Wasser kommen. Die Sicherheit, mit der Igor auch weniger belastbaren älteren Jägern einen Schwarz- oder Braunbär fast garantieren konnte, begriff ich angesichts dieser günstigen Ansitzmöglichkeit sofort.

Auch mein Journalist schien ein gutes Gefühl zu haben. Diesmal gönnte ich ihm die einfachere Jagd wirklich, die er sich schon vor zwei Jahren ehrlich verdient hatte. „Das beste Revier, das wir uns wünschen können", bemerkte ich zu mir selbst. Wie zur Bestätigung entdeckten wir in eine Latte gekerbt: „Habe hier 46 verschiedene Schwarzbären in zehn Tagen gezählt", mit Datum und Namen.

Von Igor wollte ich allerdings noch wissen, was ihn plötzlich etwas bedrückt zu haben schien. Mit leichter Sorgenfalte auf der Stirn deutete er auf die Wasserwirbel und den Damm: „Dort sind sonst immer kleine Wasserfälle, und der Damm liegt immer im Trockenen. Normalerweise kannst du im seichten Wasser auf den ziehenden Lachsen fast herumtreten. Heute sieht man kaum einen, weil das Wasser viel zu hoch ist. Es muß hier lange und viel geregnet haben."

„Und was bedeutet das?" wollte ich wissen. „Wenn Bären keine Lachse sehen, kommen sie nicht zum Fischen!"

Ich weiß nicht genau, ob mein Gast diesen Satz mitgehört hat. Hoffentlich nicht, dachte ich mir, mühsam aufkeimende Enttäuschung verbergend.

„Well, ab und zu kommt doch immer einer einmal nachschauen, ob das Fischen jetzt möglich ist", versuchte Igor zu trösten. „Im übrigen sind wir nicht nur auf diesen Fluß angewiesen. Wir haben noch eine weitere gute Stelle am anderen Ende des Sees. Und dann können wir den Bären auch noch auf die Höhen folgen, denn dort oben sind sie jetzt bestimmt beim Beerensuchen."

Etwas ernüchtert ruderten wir zum Blockhaus zurück und verabschiedeten uns vom Outfitter. Donnernd hob die Cessna vom Wasser ab und verschwand nach einer „Ehrenrunde" hinter den Wipfeln der urigen Fichten.

Der Abendansitz bot uns tiefe Einblicke in die Verhaltensweisen ziehender Lachse, die im tiefen Wasser allerdings mehr zu ahnen waren, als daß man sie beim Springen beobachten konnte. Das war's. Kein Bär. Kein Elch, kein Wolf oder Coyote. Am zweiten Tag das gleiche Bild: Wir kannten nun schon jede Stelle im Fluß, an der ein Lachs zu erwarten war, wie er eher träge denn dynamisch aus der Tiefe kurz die Oberfläche durchstieß. Am dritten Tag machte es ein größeres Tier recht spannend. Lange hörten wir nur heftiges Planschen im Fluß, das wir angestrengt zu orten versuchten. Geraume Zeit verging, bis ein einjähriger Elchbulle auftauchte und keine 30 Meter von uns entfernt das Flußbett verließ, um im Grün des Urwaldes zu verschwinden.

Die Mittagszeit nützen wir zu einem hastigen Mahl und vor allem zum Angeln. Die uns von Igor zugewiesene Bucht war in der Tat eine „Wucht": Zwischen dem Kraut hatte sich der See-Zufluß einen tiefen Lauf gegraben, in dem es von allerlei Fischen geradezu zu „wimmeln" schien. Wir waren beide keine sonderlich professionellen „Petri-Jünger" und stellten uns wohl auch ziemlich ungeschickt an. Ein richtiger Sportfischer hätte sich über unsere Anstrengungen wahrscheinlich halb totgelacht – nicht aber über das, was wir da so alles aus dem See zogen.

In Zehn-Minuten-Abständen kämpften wir mit bis zu 20-pfündigen Monstern. Wie Torpedos schossen die Lachse ums Boot, wenn sie angebissen hatten, und brachten uns ziemlich ins Schwitzen. Aber das Erfolgserlebnis entschädigt für die kleinen Mühen, hatte doch keiner von uns jemals soviel „Petri-Heil" gehabt.

Doch irgendwann siegte die Vernunft: Der Boden des Bootes war inzwischen bedeckt mit Fischleibern. Coho-Lachse vor allem, aber auch Humbacks, Stahlkopfforellen, Sockeys, See- und Regenbogenforellen. Wir brachen die Angel-Orgie ab, wurden uns darüber klar, daß wir den Fischsegen ja irgendwie auch würden verarbeiten müssen. Und erinnerten uns mit einem Mal einer dringenden Warnung Igors: „Wenn ihr angelt, vermeidet die Berührung der Fische mit dem Boot. Gefangene Fische müssen draußen angebunden und hinterher gezogen werden, um das Boot geruchsfrei zu halten. Letztes Jahr hat mir ein Bär vor Wut und Enttäuschung, mit dem Fischduft „betrogen" worden zu sein, ein Boot total zerfetzt, mit dem wir tags zuvor Fische transportiert hatten. Das Aluboot wird er kaum zerlegen können, aber Löcher hineinbeißen kann er allemal, die ich hier draußen nicht reparieren kann. Und ihr wollt doch sicher nachts keinen unangemeldeten Besuch bekommen!"

Wer hier einhaken würde „Laß ihn nur kommen ..." würde verraten, daß er von der Wildnis-Jagd auf gefährliches Raubwild keinen Schimmer hat. Einen nach Futter suchenden Grizzly in einem Jagdcamp zu haben, und das noch bei Dunkelheit, ist so ziemlich das letzte, was sich ein Jäger wünschen kann, der noch gesund oder gar lebend die nächste Saison erleben möchte.

Dies alles im Sinn, begannen wir nach dem Ausladen der Fische, verstohlen wie ungezogene Lausbuben, das Boot gründlichst auszuwaschen. Aber auch unsere konzentrierte Seifenlauge dürfte den Fischgestank zumindest für die nächsten Tage nicht gänzlich kaschiert haben.

Auch beim Fisch gibt es die „rote Arbeit". Wir hatten reichlich zu tun. Stundenlang, so schien es mir, filetierte ich die Lachse und Forellen, während mein Partner unermüdlich Erlenzweige sammelte und das primitive, aber effektive Räucherhäuschen in Betrieb setzte. Gut zwei Tage lang brauchen die Fleischsstücke, bis sie haltbar kalt geräuchert sind. Dann aber weisen sie einen unvergleichlichen Geschmack auf, daß einem trotz der großen Mengen, die wir verarbeitet hatten, die Köstlichkeit stets bewußt bleibt. Fisch rochen wir am Ende unserer Taten nicht mehr. Und der Qualm aus dem Räucherapparat reizte alle Schleimhäute zusätzlich.

Was war das später für eine Schlemmerei: ein paar hundert Gramm feinsten Räucherlachs auf eine Scheibe Brot. Das kann ein Normalsterblicher nicht einmal in Kanada bezahlen. Wir speisten wie die Fürsten, den Blick an die Hüttendecke erhoben, wo noch weit mehr Lachsstücke, säuberlich auf die Wäscheleine gehängt, vor sich hindufteten.

Da kam uns ein Gedanke: Warum sollten wir nicht noch mehr Fische fangen und sie unseren Damen mit nach Hause nehmen?

So als eine Art Familienentschädigung, zu der man in Deutschland, glaube ich, auch „Drachenfutter" sagt. Es machte Spaß und entschädigte uns für die vergeblichen Bären-Ansitze am Nachmittag und Abend: Fangen, Schlachten, Zerwirken, Holz sammeln und Räuchern brachte uns sowohl in Streß wie in Euphorie.

Die immer noch wärmende Herbstsonne war soeben hinter dem gezackten Horizont eingetaucht, als das Brummen des Wasserflugzeugs Igor ankündigte. Er hatte schon aus einiger Entfernung das qualmende Räucherhäuschen aus der Luft bemerkt, doch selbstverständlich nicht geahnt, daß wir mittlerweile eine Räucherlachs-Fabrikation aufgebaut hatten, die eifrig kilogrammweise produzierte. Igor erschrak sichtlich: Nicht nur, daß unser wichtiger Gast noch keinen Bären geschossen hatte, bedrückte ihn, sondern auch die bange Frage, ob auf irgendwelchen Lachsarten, die vor sich hin rauchten, gar Quantitätsquoten liegen. Verstöße gegen die strengen Naturschutzregelungen können einen Outfitter die Lizenz kosten. Vorsichtige Erkundigungen ergaben später, daß wir nicht leichtsinnigerweise kriminell geworden sind!

Einen erfahrenen Outfitter wie Igor verwirrte ein Umstand, wie er mir später sagte, erheblich: Europäische Jäger stehen in den ersten drei bis fünf Jagdtagen unter einem enormen Erfolgszwang. Ihre kritischen Fragen, Blicke und Verhaltensweisen, insbesondere nach erfolglosen Jagdtagen, wirken hier oft derb, unhöflich, ja manchmal gar beleidigend. Immer wieder haben wir uns Gedanken darüber gemacht und nach Erklärungen gesucht, denn nur wenn man die Ursachen mancher Schwierigkeit erkannt hat, lassen sie sich auch meistern. Ich meine, daß es daran liegt, daß viele Jagdgäste überwiegend aus wohlsituierten Verhältnissen kommen und ganz unbewußt mit einem gewissen „Herrenton" behaftet sind. Kaum einer spricht die englische Sprache so perfekt – besser vielleicht die mannigfachen Unter- und Zwischentöne –, daß er sich so höflich, ruhig und beherrscht auszudrücken vermag, wie dies hierzulande nun einmal ganz extrem der Fall ist. Deutsch scheint mir, im Gegensatz zum nordamerikanischen Englisch, eine wesentlich klarere, sachlichere und unpersönlichere Sprache zu sein.

Ein Kanadier wird kaum einmal einen Satz mit „wir müssen" oder „du sollst", nicht einmal mit einem klaren „yes" oder „no" verwenden. Er wird allenfalls „man könnte vielleicht", oder „wenn möglich" bis hin „if you think so" benutzen. Somit werden die unmittelbar aus dem Deutschen ins Englische übernommenen Formulierungen vom Gastgeber als unhöflich, zu „bossy" (befehlerisch) empfunden.

Dabei sollte nicht vergessen werden, daß wir es im allgemeinen bei unseren kanadischen Jagdpartnern mit einem Menschentyp zu tun haben, der diese Problematik weder akademisch noch psychologisch feinfühlig zu durchdenken bereit und in der Lage wäre. Nicht einmal die Tatsache, daß die meisten Gäste schon froh sind, sich halbwegs in der Fremdsprache verständlich machen zu können, wird berücksichtigt, was daran liegen mag, daß kaum ein kanadischer Jäger eine andere Sprache als Englisch spricht – und das noch nicht einmal immer grammatikalisch perfekt.

Was die Kanadier dagegen auszeichnet, ist die Toleranz. Geboren aus der Not, auch den schlimmsten Feind in der Wildnis möglicherweise einmal dringend brauchen zu können, macht die Menschen verbindlicher, weniger aggressiv, läßt die Freundlichkeit dominieren und hält damit alle Türen offen. Das geht hin bis zum Tolerieren dürftiger Sprachkenntnisse: Irgendwie kommt man schon zurecht – wenn das Lächeln nicht vergessen wird und der Gesprächspartner so oft wie möglich „please" und „Thank you" parat hat. Dann ist man der akzeptierte „nice guy" und hat den Schlüssel für so manche Tür gefunden, der auch aus einer Jagdreise mehr machen kann als einen weiten Ausflug zwecks Abschuß trophäentragender wilder Tiere.

Letztlich, und das ist eine der weiteren Belastungen, die auf einer Wildnisjagd liegen können, kommt der Jagdstreß hinzu, der Erfolgszwang, denn schließlich wissen eine Menge Leute, daß man in Kanada unterwegs ist und im Geiste bereits den Platz für die Schaufel oder die Bärendecke ausgewählt hat, die man den staunenden Freunden zu präsentieren gedenkt. Nach ein paar Tagen ohne Glück beginnt die Angst zu nagen, als „Schneider" heimzukehren, sich gar lächerlich zu machen – obwohl es einem eigentlich draußen im Busch auch (noch) ohne Beute ganz gut gefällt. Wer sich selbst verrückt macht, darf sich nicht wundern, wenn Nervosität und heimliches Murren sich auch in dieser oder jener Weise auf den Jagdführer übertragen und die Freude am gemeinsamen Erleben, womöglich gar den Jagderfolg, beeinträchtigen.

Das war es eben, was Igor verwirrte. Vor ihm hatte noch vor wenigen Tagen dieser deutsche Jagdjournalist mit dem Notizblock in der Hand gestanden, der mit versteinertem Gesicht seine in sauberem Englisch vorgetragenen Fragen stellte, die er „zu beantworten hatte". Nicht unhöflich, nach deutschen Maßstäben, aber klar formuliert, sachlich wie gewohnt, doch nicht in der leichten, unverbindlich lächelnden Art.

Derselbe Jäger stand nun, nach vier „erfolglosen" Jagdtagen fröhlich, beeindruckt von der Atmosphäre dieser zauberhaften

Wildnis schwatzend vor ihm. Kein Notizblock, noch nicht einmal die sonst üblichen Fragen eines erwartungsfrohen fremden Jägers auf den Lippen. Die Lachsfabrik wurde vorgeführt, der Jagdherr freundlich zu einem großzügigen Mahl eingeladen. Hilfesuchend kreuzten sich Igors Augen mit den meinen. Seine in Falten gelegten Augenbrauen wollten wissen, was hier los ist. Das kannte er nicht von einem Europäer, der nach bislang enttäuschender Jagd für viel Geld nichts erlegt hatte und trotzdem ganz offensichtlich glücklich und zufrieden war. Igor schwankte wohl zwischen Erleichterung und Verlegenheit, denn schließlich hatte man ja über irgendwelche Risiken dieses Jagdtrips nie gesprochen, weil der Outfitter seiner Sache zunächst so sicher gewesen war.

Schnell ließ sich Igor von diesem positiven Geist des Jagdcamps anstecken und bot an, uns am nächsten Tag in das gerade frei gewordene Bergziegen-Camp auszufliegen. „Billys" hatte er dort aus der Luft genügend entdeckt, so daß wenigstens dort die Jagd keine unüberwindlichen Probleme machen würde.

Drohende Wolken und unser Gesamtgewicht machten den Start am nächsten Morgen etwas hektisch: Wegen der Kürze des Sees sollte zunächst der Journalist mit kleinem Gepäck zu einem größeren See geflogen und dort abgesetzt werden. Igor wollte dann zurückkommen, um mich mit dem Rest der Ausrüstung abzuholen, den Jagdgast am anderen See aufnehmen und schließlich zum Ziegen-Camp zu fliegen.

Ich hatte Igor gemeldet, daß wir eine komplette Wildnis-Ausrüstung samt Lebensmitteln dabei haben. Solange Igor auf dem ersten Trip in der Luft war, erfuhr ich von einem mitgekommenen Jagdführer Igors, daß das Ziegen-Camp komplett ausgerüstet sei. So packte ich nur das Notwendigste ein, füllte einen zweiten Sack mit Lebensmitteln und Kochgerät und wartete auf die Maschine.

Auf dem Flug führte uns der Outfitter stolz sein riesiges, unberührtes Wildnisgebiet vor: Seen, Wildwasser, schneebedeckte Gipfel und alpin anmutende Hochflächen. Ein wahrliches Paradies unvorstellbaren Ausmaßes, denn wer kann sich schon 150 mal 200 Kilometer konkret freie Landschaft in ihrer grandiosen Vielfalt vorstellen.

„Siehst du am Strand das neue Blockhaus? Habe ich dieses Jahr bauen lassen. Es wird ein Elch- und Grizzly-Camp." Igor wies nach unten – und wir nickten artig, ohne freilich etwas anderes als Bäume, Seeufer und Wasser gesehen zu haben. Man muß schon wissen, wo sich das Häuschen versteckt, um es im raschen Überflug auch wirklich ausmachen zu können.

Ein Blockhaus bauen in dieser Gegend? Ich habe selbst einige mitgebaut, doch in Gebieten, wo man wenigstens mit Fahrzeugen in die Nähe kam. In Igors „Revier" muß nicht nur jedes Werkzeug, sondern alles, was nicht aus Holz ist, eingeflogen werden. Was nicht in die Maschine paßt, wird auf den Schwimmern festgebunden – was das Fliegen nicht eben einfach macht in der turbulenten Luft der Bergwelt. Vielleicht gibt schon diese Anmerkung einen kleinen Hinweis darauf, warum Wildnis-Jagden nicht für ein Butterbrot zu haben sind, will der Outfitter in den kurzen Jagdzeiten wenigstens halbwegs auf seine echten Kosten kommen. Daß Igor mit seiner Jagd bei streng betriebswirtschaftlicher Rechnung jemals einen müden Dollar verdient hat, wage ich zu bezweifeln. Doch mit dem Jagdbetrieb schafft er sich selbst die Freiheit, zwei Monate lang seinem gewiß auch nicht leichten Beruf als Arzt am Rande der besiedelten Welt zu entfliehen, um „draußen" zu sein, jenseits vom Alltag, von den ernsten Sorgen und Wehwehchen der Menschen.

Schließlich landeten wir auf einem sehr schmalen, langen See.

„Wir wollen hier nur schnell auftanken."

Seine „Tankstelle", ebenfalls eingeflogen, bestand aus einigen versteckt im Ufergebüsch liegenden 50-Liter-Fässern mit Flugbenzin. Als ob es das Selbstverständlichste der Welt wäre, wurde das Flugzeug mit Hilfe einer Handpumpe, einer Kanne und einem Trichter aufgetankt, wobei Igor peinlich darauf achtete, daß kein Tropfen Sprit in den See fiel – obwohl das Benzin oben schwimmt und rasch verdunstet.

Vor dem Start wieder diese pingelige Inspektion der Maschine, Nachfassen an den Tankstutzen, Herunterbeten der Checkliste. Sie muten tollkühn an, diese Buschpiloten, doch daß sie noch leben, verdanken sie ihrer Um- und Vorsicht, verbunden mit immens viel Erfahrung.

172

Weiter ging es, der Sonne entgegen, zum Bergziegen-Camp. Beim Anflug auf den See – Igor bat mich, keinen Namen zu nennen, um einheimischen „beflügelten" Jägern die guten Jagdgründe nicht zu verraten – konzentrierte sich Igor weniger auf die schon ziemlich nahe Wasserfläche, sondern – was mich als Piloten doch etwas irritierte – auf die östlich neben uns liegenden Hänge. Immer wieder wies er auf eine Stelle: „Da sind welche! Ihr werdet keine Schwierigkeiten haben!" Wir beide sahen vorwiegend Schneefelder, hell leuchtende Steine, Wasserfälle an den Felshängen. Doch wo, zum Teufel, sollen Bergziegen sein? Selbst diese großen, leuchtend weißen Tiere sind so einfach nicht zu entdecken, wenn man über sie hinwegdonnert und nicht das geschulte Auge eines langjährigen Jägers und Buschpiloten hat.

Traumhaft sicher setzte Igor seinen Vogel aufs Wasser, obwohl er doch nur Augen für die Berghänge gehabt zu haben schien. Beim Landeanflug sahen wir die kleine Wiese, auf der sich unter einigen alten Fichten das Camp duckte, vom See abgesetzt durch eine Baum- und Buschreihe.

Das Wetter war noch immer nicht „hasenrein". Igor drängte auf raschen Heimflug. Während ich die Maschine entlud, gingen Igor und unser Gast zum Camp, um einige Dinge daraus zu holen, die, wohl verpackt, mit Igor den Heimflug antreten sollten. Wir waren die letzten in dieser Saison, die das Lager benutzen würden. Die beiden schleppten allerlei Seesäcke zur Maschine, während ich unsere Sachen zum Camp trug. Igor, im vollen Bewußtsein dessen, was ich ihm gesagt hatte – von wegen komplett ausgerüstet –, drängte zum Abflug. Hastiges Beladen des Flugzeugs, Anlassen des Motors, ein letztes Winken. Igor wollte in vier Tagen wiederkommen – falls das Wetter mitmacht.

Nachdem wir unseren Krempel im Camp hatten, inspizierten wir das Zelt. Ich erschrak fürchterlich: Es war leer. Kein Topf, keine Tasse oder Löffel oder die vom Guide erwähnte zurückgelassene Verpflegung. Keine Isoliermatte. Nichts als das nackte Zelt.

Als ich aus dem Zelt stürmte, gab mir mein Partner zu verstehen, daß er und Igor das gesamte Outfit zusammengeräumt und ins Flugzeug gebracht hätten. Schließlich hätte ich Igor ja erklärt, daß wir völlig autark seien – was ohne Zweifel richtig war.

Da saß ich nun wieder einmal mit meiner Kunst. Wann immer man versucht, einen bestmöglichen Eindruck von seiner optimal organisierten Jagd zu vermitteln, muß es ja in die Hose gehen.

Der Journalist blieb cool. „Laß uns checken, was wir überhaupt dabei haben." Daß er mich wenige Sekunden später nicht umgebracht hat, verdanke ich seinen Nerven und seiner Erfahrung: Auch der Sack mit dem Kochgeschirr und den Lebensmitteln war nicht aufzufinden. Ich mußte ihn in der Hektik beim Blockhaus zurückgelassen haben. Wir hatten nicht viel mehr dabei als unsere Schlafsäcke, Ersatzkleidung, Schuhwerk, die Waffen und ein Messer. An Lebensmitteln war nur vorhanden, was wir uns in die Parkas gesteckt hatten: Räucherlachs, ein Päckchen mit Teebeuteln, ein bißchen Brot. Und Igor kommt wieder in vier Tagen – wenn das Wetter es erlaubt. Und wenn's das Wetter die nächste Woche nicht erlaubt?

„Scheiße! Aber was soll's," meinte der Zeitungsmensch und rollte seinen Schlafsack aus. „Erfrieren werden wir auf jeden Fall nicht!"

Schon deshalb nicht, weil unsere Feuerzeuge intakt waren und Holz gemeinhin im Urwald reichlich zur Verfügung steht. Was zunächst her mußte, war etwas, das so ähnlich wie ein Topf aussieht. Immerhin hatten wir Tee – und etwas Warmes im Bauch kann lebensrettend sein. Ich machte mich auf die Suche. Jedes Jagdcamp hat etwas Ähnliches wie eine versteckte Mülldeponie. Igors Camp nicht: Er fliegt allen nichtbrennbaren Müll in Säcken aus dem Busch.

Irgendwo mußte dennoch etwas zu finden sein, in dem man Wasser erhitzen kann, eine vergessene Dose, ein unbrauchbar gewordener Aluminiumtopf. Nichts. Nie wieder werden wir über Menschen die Nase rümpfen, die im Müll der Wohlstandsgesellschaft wühlen und wer weiß was suchen. Jede alberne, verrostete Blechdose würde uns doch schon genügen! Man wird bescheiden.

Da: In einem Baum beim Camp hing sie, die alte, schwarzverkrustete Bohnendose, sogar mit einem luxuriösen Drahtbügel versehen. Sie hing so hoch in den Zweigen, daß sie beim letztjährigen Camp-Abbau vergessen worden sein mußte.

Es dauerte nicht lange, bis wir den Tee aus dem unkonventionellen Trinkgefäß konsumieren konnten – nach einer gehörigen Abkühlungsfrist. Abwechselnd schlürften wir den ungezuckerten Tee und knabberten an den wenigen Naschereien, die wir noch hatten.

Den Abend nutzten wir zu einer Bootsfahrt und einem Ansitz am Seeufer – doch zu sehen war nichts. Und Igor hatte uns erklärt, daß in diesem See überhaupt keine Fische leben, so daß wir auch kein Angelzeug mitgenommen hatten. Der einzige Lichtblick waren die Bergziegen: Mit dem Fernglas konnten wir sie 500 bis 700 Höhenmeter über uns ausmachen. Hell und weiß zeichneten sich zwei „mountain goats" im satten Grün der baumlosen Hänge ab. Ob sie morgen früh auch noch dort stehen werden?

Ein Päckchen Suppe kam in unserem Gepäck noch zum Vorschein. Wenn wir die Sache etwas streckten, reicht das sogar drei Mahlzeiten, flachsten wir, und begannen alsbald, uns Löffel zu schnitzen, worüber der Abend verging. Allemal besser, etwas zu tun, als sich selbst verrückt zu machen. Die erste Suppe aber, das beschlossen wir vor dem Einschlafen, sollte es erst geben, wenn wir die erste Ziege erlegt haben.

Zu unserer frühen Morgenfreude fanden wir die beiden Billys immer noch an den gleichen Plätzen am Berg. Das bedeutete nichts anderes, als daß sie den ganzen Tag dort verweilen würden, denn wahrscheinlich hatten sie dort ihre etablierten Einstände. Lange arbeiteten wir unseren „Kriegsplan" aus, wie wir sie angehen sollten. Alles schien relativ einfach zu sein – wie so oft von unten und aus dieser Distanz. Unsere Aufgabe war lediglich, im südlichen Teil den Berg anzugehen, seitlich über das Territorium des Bocks zu steigen und dann von oben zu kommen. Der links stehende „weiße Riese" war das erste Ziel. Beim zweiten, rechts um den halben Gipfel herum beobachteten Billy würde man dann sehen.

Für die ersten Kilometer durch den sumpfigen Urwald des Tales pirschten wir mit Gummistiefeln. Die schweren Bergschuhe hatten wir uns um den Hals gebunden, um die Hände frei zu haben. Den versteckten Pirschpfad hatte uns Igor tags zuvor gezeigt, so daß wir zügig vorankamen. Nach knapp zwei Stunden wechselten wir das Schuhwerk und ließen die Gummistiefel im Gebüsch zurück.

Jetzt wurde es ungemütlicher, denn wir wollten Zeit sparen und den kürzesten Weg nehmen, das heißt den steilen Gipfelhang direkt angehen. So um die 200 Höhenmeter mit bis zu 70 prozentiger Steigung dürften es schon gewesen sein. Daß das schon eine ziemliche Gewalttour war, mußte ich bald am tiefen Durchatmen meines Partners feststellen.

„Was erwartest du eigentlich von einem rauchenden Schreibtischmenschen?" wollte er ungefragt wissen, wobei seine Augen um eine Pause bettelten.

Ich fühlte mich geschmeichelt, aber verriet ihm nicht, daß auch ich, ungeachtet meines ein Jahrzehnt älteren Körpers, mein Äußerstes hergeben mußte.

An einem „strategisch" aussichtsreichen Punkt auf der Höhe angelangt, war mein Journalist reichlich geschafft. Völlig durchschwitzt, weigerte er sich, sogleich weiter zu gehen. Was vom jagdtaktischen Standpunkt absolut vernünftig war, denn nach jeder Biegung konnte der erste Bergziegenbock stehen. Und außer Atem zu schießen, ist nicht unbedingt die beste Voraussetzung für Volltreffer. Bei meinem Rundblick durchs Fernglas konnte ich allerdings vom Billy noch nichts entdecken. Nach einiger Zeit der Ruhe und gemeinsamer vorsichtiger Pirsch trennten wir uns, um uns auf verschiedenen Ebenen einer grünen Terrasse im Fels zu nähern, auf der wir den Bock vermuteten. Möglichweise hatte er sich niedergetan.

Langsam schob ich meine Nase über einen langgezogenen Hügelkamm. In 25 Meter Entfernung sah ich urplötzlich direkt in die Lichter des bereits sichernden Bockes. Ein Prachtkerl! Alt, massig, starke Krucken. Ich wagte nicht, mich zu rühren. Nur wenige Sprünge hinter ihm lag der Felsgrat, über den er gewiß den eiligen Rückzug antreten würde, sobald er die drohende Gefahr erkannt haben würde.

Irgendwo hinter und über mir kletterte der mir anvertraute Jäger. Ob er mich sehen konnte und meine versteinerte Haltung richtig deuten und sich heranschleichen würde? Zu hören war nichts. Somit gab ich vorsichtig Handzeichen. Diese müssen wohl in meiner Aufregung etwas zu heftig ausgefallen sein. Offenbar hat sich mein über den Rand knapp hinausragender Kopf mitbewegt, denn unser lang ersehntes Ziel hatte die Faxen dick und war mit zwei, drei mächtigen Sätzen hinter dem Bergrand verschwunden. Der Jorunalist hatte jetzt auch mitbekommen, daß vor und unter ihm etwas im Gange war. Aber zwischen uns lagen gute 30 Meter steiles Geröllfeld. Jetzt hieß es schnell, sehr schnell zu sein. Dieser Bock wird nicht lange auf uns warten, denn umsonst ist der nicht so alt geworden! Bedächtig und leise kam der Jagdgast nach unten. Mir dauerte das alles zu lange. Ist der denn noch nie über ein paar Steine gegangen? Mein Geduldsfaden riß. Ich stürmte nach vorn zum Grat, um wenigstens zu sehen, wohin der Bock gezogen war.

Dort war er! Zügig, doch nicht in Panik, zog er quer über den Steilhang einer Latschendickung zu. 160 Meter etwa war er bereits entfernt und bis zu den Krüppelkiefern, die ihn alsbald verschlucken würden, waren es nur noch wenige Meter.

Noch immer war kein Schuß zu hören. Ich vergaß die Welt um mich herum. Meine Sinne waren nur noch auf die Beute gerichtet, ganz Jäger − nicht mehr Jagdführer mit Gast. Jetzt oder nie! Ein Schuß brach, dann noch einer!

Oh, Ihr jagdlichen Götter! Was ist in mich gefahren? Wie war das möglich? Ich hatte vor meinem Jagdgast geschossen! Beide repetierend, eröffneten wir noch einmal das Feuer, wobei der letzte Schuß fiel, als der Billy bereits im schützenden Buschwerk verschwunden war.

Erschöpft und nach Luft atmend hatten wir beide unser relativ kleines Ziel verfehlt. Noch nicht einmal Schnitthaare von der langen weißen Wolle ließen sich finden. Ich wäre am liebsten in ein Mauseloch gekrochen, beschämt wie ich war. Mit unserer herrlichen Landschaft, ihrem Wild, unserer harten Jagd hatte ich den germanischen Zeitungsmann beeindrucken wollen. Doch was mache ich: Ich schieße, nein, vergräme meinem Jagdgast seine höchstwahrscheinlich einmalige Trophäe.

An die folgende Konversation kann ich mich nicht mehr genau erinnern. Höchstwahrscheinlich habe ich so viel dummes Zeug gestammelt, daß ich ihm leid tat, wo doch gerade das Gegenteil angebracht gewesen wäre. „Sorry, Heinz. Ich habe ziemlich lange mit dem Schuß gezögert. Aber im Lauf aus der Hüfte auf eine 150 Meter entfernte Ziege schießen, habe ich noch nicht geübt." Wenn er verärgert oder enttäuscht war − merken ließ er mich nichts davon, sondern erinnerte mich cool daran, daß da um die Ecke noch ein Bergziegenbock auf uns warte. (Er sagte „uns", nicht „auf mich"!) Wir trotteten an die 600 Meter wieder zurück und höher dem Gipfel zu, bis wir von oben den Bergrücken zu erkennen glaubten, auf dem wir Nummer zwei gesehen hatten. Bald stellten wir fest, daß es sinnvoller wäre, uns wieder zu trennen. Wiederum lag vor uns ein steil abfallender Felsrücken mit schmalen grasbewachsenen Terrassen, die gesäumt wurden vom undurchdringlichen Gewirr der Krüppelkiefern. Wollten wir den Bock wegen des Fallwindes und möglichen herabfallenden Gerölls nicht vergrämen, mußten wir ihn seitlich angehen, ich unter-, mein Gast oberhalb der senkrechten Felswand.

Sicher war nur eines: Wer den Billy zuerst sieht, mußte sofort schießen, denn der Zweite würde ihn nicht mehr zu Gesicht bekommen.

Lange wartend, ließ ich meinen Gast Zeit und Wegstrecke gewinnen. Vorsichtig schob ich mich dann an der Wand auf dem ausgetretenen Wildwechsel entlang. Das war sein Revier, sein Einstand. Der alte Bursche hätte sich keinen besseren und sichereren Platz aussuchen können. Überall zeigten frische Verbißstellen und Losung seine Anwesenheit. Er dürfte meinem Gast sicher sein, hörte ich mich mehr wünschend, denn feststellend denken. Der vorausgegangene Schock steckte mir noch tief in den Knochen.

Ich verhoffte immer wieder, wagte kaum zu atmen und war beim Pirschen die Vorsicht in Person. Nicht wieder einen Kapitalfehler! Als Jäger kennen wir alle die auf das äußerste getriebene Anspannung, daß Trockenwerden der Lippen, die feuchten Handflächen. Felskante um Felskante umrundete ich zentimeterweise. Noch immer war nichts auszumachen, weder der Billy, noch der inzwischen bald zu erwartende Jagdpartner von der gegenüberliegenden Seite.

Auf einer kleinen, aber steilen Geröllhalde, gerade hinter einem eben umgangenen Felsvorsprung, stand er dann wie ein aus weißem Marmor gehauenes Denkmal mir gegenüber, wobei ich ebenfalls zur Salzsäule erstarrt war...

Blitzschnell erfaßte ich die Situation: Der Bock kam aus der Richtung meines Jagdgastes, womöglich bereits flüchtig. Über den Haufen rennen würde er mich wohl nicht. Also blieb ihm nur ein einziger Sprung hinein in die Latschen, denn links von ihm stieg der Fels steil an. Noch immer unentschlossen, stand mir das Tier mit seinem massigen, fast 40 cm langen Gesicht spitz gegenüber. Wenn er abdreht, konnte ich ihn nur von hinten flüchtig schießen. In Sekundenbruchteilen faßte ich den Entschluß: Schießen! Die Waffe flog hoch, im Glas sah ich nur weiße Masse, begrenzt von den schwarzen Krucken, die links und rechts vom Zielstachel römischen Säulen glichen. Blitzschnell suchte ich die Mitte und ließ fahren.

Rollend und schlagend verfingen sich fünf Zentner mountain goat in den ersten Krüppelkiefern. Ich verhoffte wie gelähmt. Zuerst begannen sich meine Knie zu melden. Der Atem setzte stockend ein, und mein Gehirn versuchte zu erfassen, was soeben geschehen war. Schräg über mir kam mein Journalist heran. Anzuschauen wagte ich ihn nicht. Verlegenheit, Scham, Verzweiflung? Nahe bei mir lag ein prächtiger Bergziegenbock mit beachtlicher Trophäe, die er sich wahrhaftig nach all den Mühen verdient gehabt hätte. Ich, sein Jagdführer, hatte ihn zum zweiten Mal innerhalb von zwei Stunden...

Auf einen Felsblock gestützt, lümmelte ich in mich gekehrt am gestreckten Stück, als mich mein Jagdgast aus meinem dumpfen Stieren mit einem freundlichen „Waidmannsheil" herausriß und mir einen Bruch überreichte.

Völlig entspannt, ohne jeden Jagdneid, sah er sich den Billy an und meinte: „Ein wirklich braver Bock. Der hätte mir auch gefallen!" Und wie um mich zu trösten, fügte er rasch hinzu, was er aus der ganzen Situation sofort geschlossen hatte: „Ich hätte nicht die geringste Chance zum Schuß gehabt!" Die vor uns liegende Trophäe hätte jedem Jäger das Herz höher schlagen lassen, denn im B.C. Record Book steht sie immerhin an 147. Stelle.

Gewissensbisse, Enttäuschung oder was sonst – ganz schnell besannen wir uns auf ein völlig anderes Problem, das mit meinem Schuß gelöst worden war: Wir hatten Fleisch. Selbst wenn Igor wegen schlechten Wetters Tage später kommen würde, verhungern würden wir nun nicht mehr. Im Camp am abendlichen Feuer sah der Spießbraten recht verlockend aus.

Vergessen war der Tag mit seinen Strapazen, die mit der Erlegung des Bockes keinesfalls beendet waren, denn von Bergesgipfeln mußten wir, schwer mit der Keule bepackt, schließlich auch wieder ins Tal. Lagerfeuer-Romantik, Pfadfinderträume, Jugendbuch-Abenteuer – für uns Männer war das plötzlich alles Realität: Wir hatten ein Stück Wild geschossen, das wir an Ort und Stelle gar zu bekommen versuchten. Elementares Jagen und Erleben, Freude über das auf einmal so wichtig gewordene Lebensmittel Fleisch, erwartungsvolle Zufriedenheit, die Jahrtausende zurückreicht ins Leben unserer Ur-Ur-Ahnen, für die Jagdbeute Überleben bedeutete.

Das Wildbret am Holzspieß brutzelte. Daneben summte das Wasser für unseren Dünntee. Wir sprachen wenig, hockten versunken am Feuer und sahen auf die Kulisse der umliegenden Berge mit ihren Nachtmützen aus Schnee. Der fischlose See plätscherte jenseits der Bäume, der Urwald rauschte verhalten im leisen Wind. Der Satz meines Gastes fiel mir ein: „Verrückt! Nur hier sein zu dürfen ist schon ein Erlebnis." Der ganze Schrott unseres Zivilisationslebens war so weit weg. Jäger waren wir plötzlich geworden, wie die Urväter gejagt haben, die nach hartem Tag auf das Garen des Fleisches warteten. Nicht mehr Trophäen, Geld, Gesellschaft waren die Stichworte, sondern schlicht: Wir hatten Hunger. Zwischen Kindheitsträumen, die zurückgingen zu heimlichen Lagerfeuern mit gestohlenen Eiern und „organisierten" Kartoffeln, und der Notwendigkeit, gelegentlich etwas Holz nachzulegen, saßen wir einfach auf den Holzklötzen und fixierten die im Brand sich ständig verändernde Glut, das Farbenspiel eines Miniatur-Feuerwerks.

Die Realität holte uns ein: Auch nach zwei Stunden war das frische Keulenstück noch nicht zu genießen. Ob der Geschmack nun Gummi- oder Ledersohlen-Charakter hatte, sei dahingestellt.

Ohne Salz oder sonstige Gewürze war da trotz aller Outdoor-Kochkunst nicht allzuviel zu retten. Selbst der Versuch, das Stück Wildbret in einer Alufolie samt dem inzwischen angesammelten Ruß schmoren zu lassen, brachte nicht den gewünschten Erfolg und verscheuchte vor allem den penetranten Geruch des Ziegenbockes nicht. In unserem Eifer hatten wir einfach nicht wahrhaben wollen, daß alte Böcke nun einmal nicht in ein Filet mignon verwandelt werden können, vom ranzigen Geruch ganz abgesehen. Wir haben dennoch ein paar Kilo davon verspeist: Kalt schmeckte der Braten halbwegs leidlich − vor allem, wenn sonst nichts serviert wird.

Igor kam fast pünktlich − trotz Wolken und Wind. Und als uns einige Tage später eine Chartermaschine wieder vom Blockhaus abholte, um uns in die Zivilisation zurückzubringen, war es am Piloten, sich über zwei Waidmänner zu wundern. Selten hatte er Gelegenheit, zwei so vergnügte Jäger herauszufliegen, obwohl diese keineswegs sonderlich viel „Beute" gemacht zu haben schienen.

Was er nicht wissen konnte, waren die zwischen den Klamotten säuberlich eingewickelten und versteckten vielen Kilogramm geräucherter Lachse, von denen zwei Familien − und ein paar Freunde dazu − noch einige Zeit genießen durften.

CONSTITUENCY:
104-235 OLIVER ST.
WILLIAMS LAKE, B.C.
V2G 1M2
(604) 392-2626
1-800-452-6780

HOUSE OF COMMONS
CANADA

DR. LORNE GREENAWAY, M.P.
PARLIAMENTARY SECRETARY TO
MINISTER OF STATE FORESTRY & MINES

May 4, 1987

British Columbia and the Canadian West offers outdoor enthusiasts a large variety of wilderness challenges which are unique in the world. These vast unspoiled wilderness areas, in size larger than Austria, Germany and Switzerland together, are well known by our European guests who appreciate the variety and amount of fish and wildlife to be found in British Columbia and the Yukon.

Heinz K. Weigelt is known as the liaison between the German speaking hunting society of Europe and the North West American hunting world. In yet another book, he offers our European guests an insight into our truly magnificent wilderness, its beauty and challenge.

I wish Heinz success in the organization of these hunting and fishing tours.

May the reader be encouraged by this book to visit our beautiful country and experience for himself the thrills and challenges of the true wilderness. Whether it be a mountaineer, fisherman, hiker or hunter, to each and every one we extend our warmest welcome.

Yours sincerely,

Lorne Greenaway, M.P.
Cariboo-Chilcotin

Postanschrift:

GROSSWILD
Comp. 80, 108 Rec. Ranch, B.C.
Canada VOK 2ZO

Telefon: (Durchwahl)
001 60 47 91-57 87

TELEX (Kanada) 0 48 86 37

Amtl. kanadische Bezeichnung
INTRA TERRA BIG GAME
HUNTING ASSOCIATES LTD.
unter der Reg. No. 251 761

Wir sind

– **Nordamerikas größte Berufsjäger-Buchungsgemeinschaft**
– **die einzige amtlich anerkannte Institution für den deutschsprachigen Raum**
– **organisiert auf freiwilliger, genossenschaftsähnlicher Basis**
– **die einzigen Fachleute aus diesem Raum, die von der kanadischen Bundesregierung in Ottawa und der Landesregierung von British Columbia-Yukon sachlich und finanziell unterstützt werden**

Aus British-Columbias 300 Outfittern haben wir uns 15 der leistungsfähigsten herausgesucht. Diese Anzahl und die Auswahl der Mitglieder bleibt flexibel, je nach Erfolg und Zuverlässigkeit.

Nordamerikas Jagdszenerie ist äußerst launisch und wechselhaft. Die Jagdpresse weiß davon zu berichten. Aber kein Einzeloutfitter oder Agent kann sich diesen oft unabänderlichen Gesetzmäßigkeiten des Wildverhaltens, des Wetters und der Umwelt so schnell und effektiv anpassen wie hier an Ort und Stelle – zu Ihrem und unser aller Vorteil.

Wir bieten unseren Jagdgästen ein Höchstmaß an möglichen Erfolgschancen und Jagdservice.

Für jedes individuelle Stück Wild haben wir das jeweils beste Revier in Nordwest-Amerika (damit ganz Nordamerikas) in unseren Reihen.

Die Verwendung des Superlativs in Amerika ist insbesondere in der Jagd weit verbreitet. Bei uns ist das jedoch keine schöne Redewendung; wir können es mit jeder Wildart und unserem unübertroffenen Service beweisen. Unsere Leistung hält jedem Vergleich mit anderen Anbietern stand. Überzeugen Sie sich selbst!

Unser deutsches Jagdmanagement berät Sie fachgerecht; denn wir wissen im Detail, wovon wir reden: zuverlässig, offen und ehrlich.

Wir bitten Sie.

– **uns deklariert Ihre Wünsche kundzutun; wir können uns auf alle und alles einstellen, denn wir brauchen Sie nicht in eine uns zur Verfügung stehende Form zu zwängen**
– **uns nur in der Zeit von 16.00 bis 18.00 Uhr MEZ anzurufen**
– **uns zu vertrauen, wie es Hunderte zufriedener Jagdgäste vor Ihnen taten**

Im Januar und Februar bereisen wir alljährlich Mittel-Europa auf Einladung alter und neuer Jagdgäste. Gern stehen wir auch Ihnen mit Film, Dias und persönlichem Rat zur Verfügung.

Heinz K. Weigelt

Jagdreiseführer
Alaska, Yukon und British Columbia

Format: 13,5 x 21 cm, 368 Seiten, zahlreiche Farbfotos,
Verbreitungskarten und Tabellen, Kst.,
ISBN 3-7888-0629-X

„Der Reiseführer in Sachen Nordamerika-Jagd dürfte der erste
seiner Art sein, sein Ziel: Jägern bei der Jagd in zwei kanadischen
Provinzen sowie in Alaska konstruktiv behilflich zu sein. Und dies
dürfte dem deutsch-kanadischen Autor, Buschpilot und lizen-
sierten Jagdführer mit seinem neuesten Werk auch gelingen. Es ist
in drei große Teile gegliedert: Im ersten geht es um die Jagd in
Kanada ganz allgemein, um die richtige Buchung einer Reise, um
deren Vorbereitung, die Outfitter und Jagdführer sowie um die
Ausrüstung, die Trophäenversorgung sowie um die Jagdgesetze.
Der zweite Teil behandelt das jagdbare Wild und der dritte als
eigentliches „Highlight" des Buches die Vorstellung von 17 Jagdrevieren als kleine, verläßliche Auswahl für jeden Geldbeutel und
jagdlichen Wunschtraum.
Beschrieben wird ihre genaue Lage, die vorherrschenden klima-
tischen Bedingungen, ihre Wildarten im einzelnen, die jeweils
nötige Ausrüstung sowie einiges mehr, so daß der Nordamerika-
Jäger sein persönliches Traumrevier nur noch auszuwählen
braucht. Auch die Spannung kommt im Jagdreiseführer nicht zu
kurz: So läßt Weigelt packende, eigene Jagderlebnisse einfließen
oder erfolgreiche Yukon-Jäger von ihrem prickelndem Waidmannsheil berichten. Nützliche Tips (Frühjahrs- oder Herbst-
Blakky?) und Insider-Informationen (neues Punktesystem beim
Grizzly bei der Lizenzvergabe?) runden den Polyglott für die Jagd
in Amerikas Norden ab." (aus DJZ 9/93)

**VERLAG J. NEUMANN-NEUDAMM · POSTFACH 25
34324 MORSCHEN/HEINA · TELEFON (0 56 64) 60 12**